KB125109

# 배시 핵심 레퍼런스

시스템 관리자와 중·고급 사용자를 위한 실무 가이드

# Bash Pocket Reference
by Arnold Robbins

**배시 핵심 레퍼런스:** 시스템 관리자와 중·고급 사용자를 위한 실무 가이드

**초판 1쇄 발행** 2017년 1월 2일 **지은이** 아놀드 로빈스 **옮긴이** 박진석 **펴낸이** 한기성 **펴낸곳** 인사이트 **편집** 정수진 **제작 · 관리** 박미경 **용지** 월드페이퍼 **출력 · 인쇄** 현문인쇄 **제본** 자현제책 **등록번호** 제10-2313호 **등록일자** 2002년 2월 19일 **주소** 서울시 마포구 잔다리로 119 석우빌딩 3층 **전화** 02-322-5143 **팩스** 02-3143-5579 **블로그** http://www.insightbook.co.kr **이메일** insight@insightbook.co.kr **ISBN** 978-89-6626-206-9 책값은 뒤표지에 있습니다. 잘못 만들어진 책은 바꾸어 드립니다. 이 책의 정오표는 http://www.insightbook.co.kr에서 확인하실 수 있습니다. 이 도서의 국립중앙도서관 출판예정도서목록(CIP)은 서지정보유통지원시스템 홈페이지(http://seoji.nl.go.kr)와 국가자료공동목록시스템(http://www.nl.go.kr/kolisnet)에서 이용하실 수 있습니다.(CIP제어번호: CIP2016029360)

프로그래밍**인사이트**

# 배시 핵심 레퍼런스

시스템 관리자와 중·고급 사용자를 위한
실무 가이드

BASH POCKET REFERENCE

아놀드 로빈스 지음
박진석 옮김

인사이트
insight

# 차례

# 옮긴이의 글

운영체제를 그림으로 표현할 때 첫 번째로 중심에 두는 것이 커널(kernel)이다. 그다음으로는 대개 커널을 감싸고 있는 두 번째 중심을 셸(shell)로 본다. 그만큼 셸은 운영체제에서 커널 다음으로 중요한 의미가 있다. 운영체제를 생명체로 비유하면 셸은 조개의 속살을 보호하는 껍질로 볼 수 있다. 껍질 없이 속살만 있는 조개가 제대로 생명을 유지할 수 없듯이, 셸이 없는 커널은 제대로 기능하기 어렵다.

세상에는 다양한 운영체제가 있지만, 그중에서도 원조가 있는 법이다. 현재 살아서 활동하는 운영체제 중 원조를 따지자면 단연 유닉스를 꼽을 수 있다. 유닉스의 역사는 곧 운영체제의 역사라고 할 수 있을 정도로 유서가 깊으며, 유닉스로부터 파생된 수많은 운영체제들이 스마트폰이나 IoT 장치 등 다양한 분야에 지금도 계속 적용되고 있다.

최근에 나온 유닉스 계열 운영체제들은 GUI가 잘 지원되어 일반적인 사용자도 쉽게 사용할 수 있으나, GUI 애플리케이션만을 사용하는 것은 빙산의 일각만 보고 있는 것이나 마찬가지다. 유닉스 계열의 운영체제는 커널과 셸이 핵심이므로 셸을 통해야 수면 밑에 존재하는 전체 빙산의 형태를 파악할 수 있다.

유닉스 계열 운영체제 중 대중적으로 인기 있는 것들은 아마 리눅스나 맥 OS일 것이다. 셸은 셸 나름대로 유구한 역사가 있고 종류도 다양하지만 리눅스 배포판들을 포함한 현대적인 유닉스 계열 운영체제는 대부분 배시 셸을 기본 셸로 채택하고 있다. 따라서 배시 셸에 대해 학습하는 것은 유닉스 계열 운영체제를 제대로 활용하기 위한 첫걸음이자 필요조건이라 할 수 있다.

이 책을 번역할 기회를 주신 인사이트 출판사의 한기성 대표님과 실무적으로 많은 도움을 주신 정수진 에디터님께 깊은 감사를 드린다. 그리고 이전 책 번역에서는 미처 감사 인사를 드리지 못했는데, 내겐 또 한 분의 부모님이신 작은아버지, 작은어머니, 그리고 형제와 마찬가지인 사촌 동생들에게도 특별한 감사와 우애를 전하고 싶다.

박진석

**B a s h**   P o c k e t   R e f e r e n c e

# 배시 핵심 레퍼런스

이 책은 GNU/리눅스와 맥 OS X의 주요한 셸인 배시를 다루며, 4.4 버전을 기준으로 한다. 배시는 솔라리스 및 다양한 BSD 시스템에서 사용할 수 있고, 다른 모든 유닉스 시스템에서 쉽게 컴파일된다. 심지어 OpenVMS에서도 된다! 앞으로 다음 주제를 다루게 될 것이다.

- 역사
- 기능 살펴보기
- 셸 호출
- 명령 종료 상태
- 문법
- 함수
- 변수
- 계산식
- 명령 히스토리
- 프로그램 가능한 완성 기능
- 작업 제어
- 셸 옵션
- 명령 실행

- 코프로세스
- 제한된 셸
- 내장 명령
- 자원

## 관례

파일명, 명령 이름, 옵션, 인라인 예시는 constant width를 사용한다. 사용자가 있는 그대로 타이핑해야 하는 입력은 **constant width userinput**을 사용한다. 예시와 문법 설명에서 실제 데이터로 대체되어야 하는 텍스트는 *constant width replaceable*을 사용한다. 새로운 용어나 강조될 단어와 문구는 *italics*를 사용한다. 마지막으로 *name*(N)은 (man 명령으로 접근한) *name*에 대한 온라인 매뉴얼의 *N* 절을 가리킨다. (환경 변수를 포함하는) 셸 변숫값은 $VAR로 나타낸다.

## 역사

최초의 본(Bourne) 셸은 1979년 V7 유닉스와 함께 배포됐으며, 셸 스크립트 작성을 위한 표준 셸이 됐다. 본 셸은 많은 상업적 유닉스 시스템상의 /bin/sh에서 아직까지 찾아볼 수 있다. 처음 릴리스된 버전에서 그다지 많이 바뀌지는 않았으며, 매년 최소한의 개선 사항만을 적용하고 있다. 새로 추가된 기능 중에서 가장 주목할 만한 기능은 시스템 III의 CDPATH 변수와 내장(built-in) test 명령(1980년 경), 시스템 V 릴리스 2의 명령 해싱과 셸 함수(1984년 경), 시스템 V 릴리스 4의 작업 제어 기능 추가(1989년)를 들 수 있다.

버클리 C 셸(csh)이 대화식 사용에 명령 히스토리나 작업 제어 같은 더 좋은 기능들을 제공했기 때문에, 유닉스 세계에서는 프로그래밍에는 본 셸을 사용하고 일상적으로는 C 셸을 사용하는 것이 오랜 관습처럼 이어져 왔다. 벨 연구소의 데이비드 콘(David Korn)은 처음으로 본 셸에 csh의 히스토리, 작업 제어 및 그 외의 프로그램 기능 등을 추가하여 성능 향상을 꾀한 개발자다. 콘(Korn) 셸의 기능 집합은 본 셸과 C 셸을 넘어서면서도 셸 프로그래밍에 대해서는 두 셸과의 호환성을 유지하고 있다. 오늘날 POSIX 표준은 시스템 V 본 셸에 기반을 둔 언어 및 동작에, 콘 셸에서 선택된 기능의 부분 집합을 더한 것을 "표준 셸"로 정의한다.

완벽한 유닉스 호환 시스템을 만드는 것을 목표로 하는 자유 소프트웨어 재단은 처음부터 새로 작성한 본 셸의 클론을 만들었고, 그것을 '배시(Bash, Bourne-Again SHell)'라 명명했다. 오랜 시간 동안 배시는 콘 셸의 기능에 추가적인 기능까지 제공하는 POSIX 호환 버전으로 인식됐지만 엄밀하게 말해서 콘 셸 클론은 아니다. 오늘날 배시는 본 셸에서 파생된 셸들 중에서 가장 널리 쓰이고 있다.

## 기능 살펴보기

배시 셸은 다음 기능들을 제공한다.

- 입력/출력 리디렉션
- 파일명 생략을 위한 와일드카드 문자
- 환경 커스터마이징을 위한 셸 변수와 옵션
- 셸 프로그램 작성을 위한 내장 명령 집합
- 셸 프로그램 내의 태스크 모듈화를 위한 셸 함수
- 작업 제어
- (vi나 이맥스의 명령 문법을 사용한) 명령 라인 편집
- 이전 명령에 대한 접근(명령 히스토리)과 편집

- 정수 계산
- 배열 및 계산식
- 명령 이름 생략(앨리어싱)
- POSIX 상향 준수
- 국제화 기능
- 산술 for 루프

## 셸 호출

배시 셸(bash)을 위한 명령 인터프리터는 다음처럼 호출한다.

```
bash [options] [arguments]
```

배시는 터미널, 파일(첫 인자가 스크립트일 때), 표준 입력(남아있는 인자가 없거나 -s가 지정됐을 때)으로부터 명령을 실행한다. 표준 입력이 터미널이거나 명령 라인에 -i가 있을 때 셸은 자동으로 프롬프트를 출력한다.

많은 시스템상에서 */bin/sh*은 배시로 연결되는 링크다. sh로 호출되면 배시는 전통적인 본 셸처럼 동작한다. 즉, 로그인 셸은 */etc/profile*과 *~/.profile*을 읽고, 정규 셸은 $ENV를 읽는다. 전체 상세 사항은 *bash*(1) 매뉴얼 페이지에서 확인할 수 있다.

### 명령 라인 옵션

거의 모든 단일 문자 명령 라인 옵션들은 내장 set 명령에도 사용될 수 있다(115쪽의 set 참고). 옵션들은 다음과 같다.

-c *str*

    *str* 문자열에서 명령을 읽는다.

-D, --dump-strings

    프로그램의 모든 $"..." 문자열을 출력한다.

-i

    (입력을 위한 프롬프트를 제공하는) 대화식 셸을 생성한다. set와 함께 사용할 수 없다.

-l , --login

    로그인 셸처럼 동작한다.

-O *option*

    shopt 옵션인 *option*을 활성화한다. *option*을 비활성화하려면 +O을 사용한다.

-p

    특권 사용자(privileged user)로 시작한다. $ENV나 $BASH_ENV 를 읽지 않고, 환경에서 함수들을 임포트하지 않으며, BASHOPTS, CDPATH, GLOBIGNORE, SHELLOPTS 변수들의 값을 무시한다. (~/.bash_profile 같은) 일반적인 고정된 이름의 시작 파일을 읽는다.

-r, --restricted

    제한된 셸을 생성한다(70쪽의 "제한된 셸" 절 참고).

-s

    표준 입력에서 명령을 읽는다. 내장 명령에서의 출력은 파일 서술 자 1로 가고, 다른 모든 셸 출력은 파일 서술자 2로 간다.

-v , --verbose
    셸이 읽는 라인을 그대로 출력한다.

--debugger
    시작할 때 디버깅 프로파일을 사용할 수 있다면 그것을 읽고, 배시 디버거를 사용하기 위해 shopt에 extdebug 옵션을 켠다(*http://bashdb.sourceforge.net* 참고).

--dump-po-strings
    -D와 같지만 출력으로 GNU gettext 포맷을 사용한다.

--help
    사용 메시지를 출력하고 성공적으로 종료한다.

--init-file *file*, --rcfile *file*
    대화식 셸에 시작 파일로 ~/.bashrc 대신 *file*을 사용한다.

--noediting
    대화식 셸이라도 입력을 위해 *readline* 라이브러리를 사용하지 않는다.

--noprofile
    */etc/profile*이나 어떠한 독자적인 시작 파일도 읽지 않는다.

--norc
    ~/.bashrc를 읽지 않는다. sh로 시작됐을 때 자동으로 활성화된다.

--posix
    POSIX 모드를 켠다.

`--version`

버전 메시지를 출력한 후 종료한다.

`-, --`

옵션 처리를 끝낸다.

이외의 옵션들에 대해서는 115쪽의 **set**를 참고하자.

### 인자

인자들은 위치 파라미터인 $1, $2 등에 대입된다. 첫 인자가 스크립트라면 명령들은 스크립트에서 읽고, 나머지 인자들은 $1, $2 및 그 이후로 계속 대입된다. 스크립트 이름으로 $0을 이용할 수 있다. 스크립트 파일 자체가 실행 가능할 필요는 없으나 반드시 읽기는 가능해야 한다.

## 명령 종료 상태

모든 명령은 종료할 때 숫자 종료 상태나 반환 값을 제공한다. **ls** 같은 외부 명령은 이 값을 운영체제에 제공하고, **cd**와 같은 내부 명령은 이 값을 셀에 직접 제공한다.

셀은 명령 종료 시 반환 값을 자동으로 가져온다. 관례에 따라 종료 상태 0은 참이나 성공을 의미하며, 그 이외의 다른 상태는 거짓이나 실패를 의미한다. 이를 통해 셀은 **if**, **while**, **until** 같은 제어 흐름 문장 내에서 명령들을 사용한다.

추가적으로 셀은 셀 스크립트가 접근할 수 있는 **$?**에서 사용 가능한 마지막 실행 명령의 반환 값을 만든다. 대개는 그것을 스크립트의 뒤이은 명령들이 덮어쓰게 되므로, 다른 변수에 저장해야 한다.

종료 값의 범위는 0부터 255까지이다. 셀은 다음과 같이 특정 상태를 나타내기 위해 특정한 숫자 값을 사용한다.

| 숫자 값 | 의미 |
| --- | --- |
| 0 | 성공 |
| 2 | 내장 명령이 사용 에러를 나타내기 위해 반환 |
| 126 | 명령을 찾았으나 실행할 수 없음 |
| 127 | 명령을 찾을 수 없음 |
| 128 + N | 시그널 번호 N을 받아서 명령 종료 |

# 문법

이번 절은 셸 고유의 다양한 기호를 설명한다. 주제는 다음과 같다.

- 특수 파일
- 파일명 메타문자
- 중괄호 확장
- 이스케이프 시퀀스
- 쿼팅[1]
- 명령 형식
- 리디렉션 형식

## 특수 파일

셸은 하나 이상의 시작 파일을 읽는다. 파일 중 일부는 셸이 로그인 셸일 때 읽기만 가능하다. 배시는 이 파일들을 다음 순서로 읽는다.

---

[1] 쿼팅(Quoting)은 특정 단어나 문장을 인용 부호로 감싸는 것을 의미한다. 인용 부호는 큰따옴표, 작은따옴표, 괄호 등을 상황과 필요에 따라 다양하게 사용할 수 있다.

- *etc/profile*은 로그인할 때 자동으로 실행된다.
- 로그인할 때 ~/.*bash_profile*, ~/.*bash_login*, ~/.*profile* 순서로 처음 찾은 파일을 자동으로 실행한다.
- ~/.*bashrc*는 모든 비로그인 셸을 읽는다. 그러나 sh로 호출되거나 --posix 옵션이 붙으면, POSIX 호환성을 위해 $ENV를 대신 읽는다.

getpwnam()과 getpwuid() C 라이브러리 함수들은 ~*name* 생략을 위한 홈 디렉터리의 소스다(개인용 시스템에서 사용자 데이터베이스는 *etc/passwd*에 저장된다. 하지만 네트워크 시스템에서는 개인 워크스테이션 암호 파일이 아니라 NIS, NIS+, LDAP 또는 다른 소스에서 올 수 있다).

배시는 대화식 로그인 셸을 종료하거나 비대화식 로그인 셸인 exit 내장 명령을 실행할 때 ~/.*bash_logout* 파일이 있으면 그것을 읽고 실행한다(로그인 셸은 -l 옵션이 설정된 것을 의미한다).

## 파일명 메타문자

| | |
|---|---|
| * | 0개 이상의 문자로 구성된 모든 문자열에 매칭된다. |
| ? | 모든 단일 문자에 매칭된다. |
| [*abc*...] | 포함된 모든 문자에 매칭된다. 하이픈은 범위를 지정할 수 있다 (예: a-z, A-Z, 0-9). |
| [!*abc*...] | 포함되지 않은 모든 문자에 매칭된다. |
| ~ | 현재 사용자의 홈 디렉터리 |
| ~*name* | *name* 사용자의 홈 디렉터리 |
| ~+ | 현재 작업 디렉터리($PWD). |
| ~- | 이전 작업 디렉터리($OLDPWD). |

다음은 extglob 옵션이다.

| | |
|---|---|
| ?(*pattern*) | 0개나 한 개의 *pattern* 인스턴스에 매칭된다. |
| *(*pattern*) | 0개 이상의 *pattern* 인스턴스에 매칭된다. |
| +(pattern) | 한 개 이상의 *pattern* 인스턴스에 매칭된다. |
| @(*pattern*) | 정확히 한 개의 *pattern* 인스턴스에 매칭된다. |
| !(*pattern*) | *pattern*과 매칭되지 않는 모든 문자열에 매칭된다. |

*pattern*은 |로 구분된 패턴의 시퀀스일 수 있으며, 이는 그 패턴들 중 어떠한 것에도 매칭될 수 있음을 의미한다. 이 확장 문법은 egrap이나 awk와 유사하다.

다음은 globstar 옵션이다.

| | |
|---|---|
| ** | 모든 파일 및 0개 이상의 하위 디렉터리에 매칭된다. 슬래시가 뒤에 붙으면 디렉터리 및 하위 디렉터리만 매칭된다. |

배시는 비중이 동일한 문자 매칭을 위한 POSIX [[=c=]] 표기와 병합 순서를 지정하기 위한 [[.c.]]를 지원한다. 이외에도 [[:class:]] 형식의 문자 클래스를 통해 다음 문자의 클래스를 매칭할 수 있다.

| 클래스 | 매칭되는 문자 |
|---|---|
| alnum | 영숫자 문자 |
| alpha | 영문자 |
| ascii | ASCII 문자(POSIX에 미포함) |
| blank | 스페이스나 탭 |
| cntrl | 제어 문자 |
| digit | 10진수 숫자 |
| graph | 비스페이스(nonspace) 문자 |
| lower | 소문자 문자 |
| print | 출력 가능 문자 |

| punct | 구두점 문자 |
|-------|-----------|
| space | 공백 문자 |
| upper | 대문자 문자 |
| word | [[:word:]]는 [[:alnum:]_]과 동일(POSIX에 미포함) |
| xdigit | 16진수 숫자 |

## 팁

배시는 한 번에 한 라인의 스크립트를 읽으며, 라인상의 명령을 실행하기 전에 각 라인을 완벽히 파싱한다. 여기에는 두 가지 의미가 있다.

- 별칭을 정의하면 동일 라인에서 그것을 사용할 수 없다.
- 스크립트 파싱에 영향을 주는 명령은 그것에 영향을 받는 스크립트의 앞에 위치해야 한다.

함수에도 이와 유사한 문제가 있다. 함수는 한 번에 모두 파싱되므로, 그 함수에만 작용하는 extglob 옵션을 켤 수 없다. 따라서 확장 패턴 매칭 기능을 사용하기 위해서는 스크립트 시작 부분에 다음의 명령을 추가해야 한다.

```
shopt -s extglob   # 확장 셸 패턴 활성화
```

## 예시

| | |
|---|---|
| ls new* | new와 new.1의 리스트 보기 |
| cat ch? | ch9과 매칭되지만 ch10에는 매칭되지 않음 |
| gvim [D-R]* | D부터 R까지로 시작되는 파일들과 매칭 |
| pr !(*.o\|core) \| lpr | 객체 및 코어 파일이 아닌 파일 출력 |

현대의 시스템에서 [D-R] 같은 범위는 이식성이 없으며, 시스템 로캘은 범위 내의 D부터 R까지의 대문자보다 더 큰 범위를 포함할 수 있다. 이를 제어하기 위한 방법은 globasciiranges 셸 옵션을 참고하자.

## 중괄호 확장

배시는 오랫동안 중괄호 확장을 지원해왔으며 C 셸의 유사한 기능에 기반을 둔다. 파일명 메타문자와는 다르게, 중괄호 확장은 글자 그대로 동작한다. 즉, 중괄호 확장으로 생성된 단어들은 실제로 존재하는 파일과 매칭될 필요가 없다. 중괄호 확장은 다음 두 가지 형식이 있다.

*pre{X,Y[,Z...]}post*
  preXpost, preYpost, ...로 확장한다.

*pre{start..end[..incr]}post*
  *start*와 *end*는 둘 다 정수나 단일 문자이고 *incr*은 정수다. 셸은 이 구문을 *start*와 *end* 사이의 전체 범위로 확장하며, *incr*이 제공되었다면 그 수만큼 증가한다.

양쪽 형식 모두 접두사 및 접미사 텍스트는 필요 없다. 숫자 확장에서는 *start*, *end* 둘 다 0개 이상의 0이 앞에 올 수 있다. 확장하면 *start*와 *end*의 가장 긴 너비만큼 0으로 채워진다. 배시는 *incr*의 앞에 붙는 0을 무시하며, 항상 10진수 값으로 취급한다.

중괄호 확장은 중첩될 수 있으며 결과는 정렬되지 않는다. 중괄호 확장은 다른 확장 이전에 수행되며, 배시가 인식할 수 있도록 여는 괄호와 닫는 괄호는 쿼팅하지 말아야 한다. 배시는 중괄호 확장 내의 명령 치환을 생략한다. 파라미터 확장과의 충돌을 피하기 위해 ${로 중괄호 확장을 시작할 수 없다.

## 예시

```
# 글자 그대로 확장, 정렬하지 않음
$ echo hi{DDD,BBB,CCC,AAA}there
hiDDDthere hiBBBthere hiCCCthere hiAAAthere

# 확장 후 ch1, ch2, app1, app2 매칭
$ ls {ch,app}?

# mv info info.old로 확장
$ mv info{,.old}

# 간단한 숫자 확장
$ echo 1 to 10 is {1..10}
1 to 10 is 1 2 3 4 5 6 7 8 9 10

# 증가분이 있는 숫자 확장
$ echo 1 to 10 by 2 is {1..10..2}
1 to 10 by 2 is 1 3 5 7 9

# 0으로 채운(zero padding) 숫자 확장
$ echo 1 to 10 with zeros is {01..10}
1 to 10 with zeros is 01 02 03 04 05 06 07 08 09 10
```

## 이스케이프 시퀀스

배시는 세 가지 다른 문맥의 특수 이스케이프 시퀀스를 인식하고 해석한다.

- $'...'처럼 쿼팅한 문자열
- echo -e와 printf %b의 인자
- printf의 포맷 문자열

다음 표는 앞의 문맥(context)에 대한 특별한 이스케이프 시퀀스뿐만 아니라 (모든 문맥에서 허용되는) 일반적인 이스케이프 시퀀스들의 목록이다.

| 시퀀스 | 사용 가능성 | 값 |
|---|---|---|
| \a | 모두 | ASCII BEL (시각 혹은 청각 경보) |
| \b | 모두 | 백스페이스 |
| \c | echo -e, printf %b | (echo -n 처럼) 종료 뉴라인을 생략, 이후의 모든 문자들도 출력하지 않음 |
| \c*X* | $'...' | 컨트롤 *X* 문자 |
| \e | 모두 | 이스케이프 |
| \E | 모두 | 이스케이프 |
| \f | 모두 | 폼피드 |
| \n | 모두 | 뉴라인 |
| \r | 모두 | 캐리지 리턴 |
| \t | 모두 | 탭 |
| \u*HHHH* | 모두 | 유니코드 문자 *HHHH* |
| \U*HHHHHHHH* | 모두 | 유니코드 문자 *HHHHHHHH* |
| \v | 모두 | 세로 탭 |
| \x*HH* | 모두 | 16진수 값 *HH* |
| \\*nnn* | $'...', printf | 8진수 값 *nnn* |
| \0*nnn* | echo -e, printf %b | 8진수 값 *nnn* |
| \' | $'...' | 작은따옴표 |
| \" | $'...' | 큰따옴표 |
| \? | $'...' | 물음표 |
| \\ | 모두 | 백슬래시 |

또한, 셸은 PS0, PS1, PS2, PS4 프롬프트 문자열 값에서 약간 중복되는 이스케이프 시퀀스 집합을 해석한다. 이것은 45쪽의 "특수 프롬프트 문자열" 절에서 다룬다.

## 쿼팅

쿼팅은 문자의 특별한 의미를 비활성화하고 문자 그대로 사용할 수 있게 해준다. 다음 표는 문자의 특별한 의미를 정리한 것이다.

| 문자 | 의미 |
|---|---|
| ; | 명령 구분 기호 |
| & | 백그라운드 실행 |
| ( ) | 명령 그룹화 |
| \| | 파이프 |
| < > & | 리디렉션 기호 |
| * ? [ ] ~ + - @ ! | 파일명 메타문자 |
| " ' \ | 다른 문자 쿼팅에 사용 |
| ` | 명령 치환 |
| $ | 변수 치환(혹은 명령이나 산술 치환) |
| # | 라인의 끝까지 이어지는 주석의 시작 |
| **스페이스 탭 뉴라인** | 단어 구분 기호 |

다음 문자들을 쿼팅에 사용할 수 있다.

**"..."**

"와 " 사이의 모든 것들이 문자 그대로 처리된다. 단, 다음 문자들은 특별한 의미를 유지한다.

$ 변수(혹은 명령 및 산술) 치환이 발생한다.

` 명령 치환이 발생한다.

" 큰따옴표를 쿼팅한 문자열의 끝을 표시한다.

**'...'**

'와 ' 사이의 모든 것들이 문자 그대로 처리된다. 쿼팅된 문자열에

또 다른 '를 넣을 수는 없다.

\

\ 다음에 나오는 문자는 문자 그대로 처리된다. "..."에서 ", $, `를
이스케이프하기 위해 사용되며, 종종 자기 자신이나 스페이스, 뉴
라인을 이스케이프하기 위해 사용된다.

$"..."

"..."과 유사하지만 로캘 번역이 수행된다.

$'...'

'...'과 유사하지만, 쿼팅된 텍스트는 13쪽의 "이스케이프 시퀀스"
절에서 설명한 이스케이프 시퀀스로 처리된다.

## 예시

```
$ echo 'Single quotes "protect" double quotes'
Single quotes "protect" double quotes
$ echo "Well, isn't that \"special\"?"
Well, isn't that "special"?
$ echo "You have `ls | wc -l` files in `pwd`"
You have      43 files in /home/bob
$ echo "The value of \$x is $x"
The value of $x is 100
$ echo $'A\tB'
A       B
```

## 명령 형식

| | |
|---|---|
| *cmd* & | 백그라운드에서 *cmd*를 실행한다. |
| *cmd1* ; *cmd2* | 명령 시퀀스이며, 같은 라인에서 다수의 *cmd*를 실행한다. |
| { *cmd1* ; *cmd2* ; } | 현재 셸에서 명령들을 그룹으로 실행한다. |
| (*cmd1* ; *cmd2*) | 하위 셸에서 명령들을 그룹으로 실행한다. |

| | |
|---|---|
| *cmd1* \| *cmd2* | 파이프이며, *cmd1*의 출력을 *cmd2*의 입력으로 사용한다. |
| *cmd1* \`*cmd2*\` | 명령 치환이며, *cmd2*의 출력을 *cmd1*의 인자로 사용한다. |
| *cmd1* $(*cmd2*) | POSIX 셸 명령 치환이며, 중첩이 허용된다. |
| *cmd* $((*expression*)) | POSIX 셸 산술 치환이다. *expression*의 수치 결과를 cmd의 명령 라인 인자로 사용한다. |
| *cmd1* && *cmd2* | AND이며, *cmd1*을 실행하고 (cmd1이 성공하면) *cmd2*를 실행한다. 이는 "단락 (short circuit)" 연산이다. *cmd1*이 실패하면 *cmd2*는 실행되지 않는다. |
| *cmd1* \|\| *cmd2* | OR이며, *cmd1*을 실행하거나 (*cmd1*이 실패하면) *cmd2*를 실행한다. 이는 "단락" 연산이다. cmd1이 성공하면 *cmd2*는 실행되지 않는다. |
| ! *cmd* | NOT이며, *cmd*를 실행하고 *cmd*가 0이 아닌 상태로 종료되면 0의 종료 상태를 만들고, *cmd*가 0인 상태로 종료되면 0이 아닌 상태를 만든다. |

## 예시

```
# 백그라운드에서 수행
$ nroff file > file.txt &

# 연속하여 실행
$ cd; ls

# 모든 출력이 리디렉션됨
$ (date; who; pwd) > logfile

# file 정렬, 페이지 변환, 출력
$ sort file | pr -3 | lpr

# grep에 의해 찾아진 파일 편집
$ gvim `grep -l ifdef *.cpp`

# 검색할 파일의 리스트 지정
$ egrep '(yes|no)' `cat list`

# 앞에 나온 예의 POSIX 버전
$ egrep '(yes|no)' $(cat list)
```

— Bash

```
# 더 빠른 방법, POSIX 아님
$ egrep '(yes|no)' $(< list)

# file이 패턴을 포함하면 그것을 출력
# 출력과 에러를 /dev/null로
# 보내서 조용히 수행
$ grep XX file > /dev/null 2>&1 && lpr file

# 앞의 예와는 다르게, 에러 메시지를 출력
$ grep XX file || echo "XX not found"
```

## 리디렉션 형식

| 파일 서술자 | 이름 | 일반적 약어 | 대표적 기본값 |
| --- | --- | --- | --- |
| 0 | 표준 입력 | stdin | 키보드 |
| 1 | 표준 출력 | stdout | 화면 |
| 2 | 표준 에러 | stderr | 화면 |

다음 절에서 볼 수 있는 것처럼, 보통 입력 소스나 출력 대상은 바뀔 수 있다.

### 간단한 리디렉션

*cmd > file*

    *cmd*의 출력을 *file*로 보낸다(덮어쓰기).

*cmd >> file*

    *cmd*의 출력을 *file*로 보낸다(추가).

*cmd < file*

    *file*에서 *cmd*에 대한 입력을 받는다.

*cmd << text*

    *text*와 동일한 라인까지의 셀 스크립트 내용이 *cmd*에 대한 표준 입

력이 된다(*text*는 셸 변수에 저장될 수 있다). 이 명령 형식은 히어 도큐먼트(*here document*)라고도 부른다. 입력은 키보드로 타이핑하거나 셸 프로그램으로 받을 수 있다. 대개 `cat`, `ex`, `sed` 같은 명령들이 이 문법을 사용한다. (만약 <<-가 사용되면 히어 도큐먼트 앞부분의 탭들은 제거되며, 그 탭들은 *text*의 입력 종료 표시와 입력을 비교할 때 무시된다.) 만약 *text*의 어떠한 부분이라도 따옴표를 치면 그 입력은 문자 그대로 통과된다. 그렇지 않으면 내용은 변수, 명령, 산술 치환 등으로 처리된다.

*cmd* <<< *word*

뉴라인이 뒤에 붙은 *word*의 텍스트를 *cmd*의 입력으로 제공한다 (rc 셸의 프리(free) 버전부터 히어 스트링(*here string*)으로 불렸다. 135쪽의 "자료" 절을 참고하자.)

*cmd* <> *file*

표준 입력에 읽고 쓰는 *file*을 연다. 파일 내용은 훼손되지 않는다.[2]

*cmd* >| *file*

(셸의 `noclobber` 옵션이 설정됐더라도) *cmd*의 출력을 *file*로 보낸다 (덮어쓰기).

## 파일 서술자를 사용한 리디렉션

*cmd* >&*n*

*cmd* 출력을 파일 서술자 *n*으로 보낸다.

---

[2] <를 사용하면 파일은 읽기 전용으로 열리며 파일 서술자에 대한 쓰기는 실패한다. <>를 사용하면 파일을 읽고 쓸 수 있으며 이것을 실제로 활용하는 것은 애플리케이션에 따라 다르다.

*cmd* m>&n

앞에 있는 것과 같지만, 출력이 파일 서술자 m으로 향하는 대신 파일 서술자 n으로 보내는 것이 다르다.

*cmd* >&-

표준 출력을 닫는다.

*cmd* <&n

파일 서술자 n에서 *cmd*에 대한 입력을 받는다.

*cmd* m<&n

*cmd* <&n과 같지만, 입력이 파일 서술자 m에서 오는 대신 파일 서술자 n에서 오는 것이 다르다.

*cmd* <&-

표준 입력을 닫는다.

*cmd* <&n-

파일 서술자 n을 복사하여 표준 입력으로 옮긴 후 원래 것을 닫는다.

*cmd* >&n-

파일 서술자 n을 복사하여 표준 출력으로 옮긴 후 원래 것을 닫는다.

## 다중 리디렉션

*cmd* 2> `file`

`file`로 표준 에러를 보낸다. 표준 출력은 그대로 유지한다(예: 화면을 그대로 유지한다).

*cmd* > file 2>&1

표준 출력과 표준 에러를 *file*로 보낸다.

*cmd* >& file

*cmd* > file 2>&1과 같다.

*cmd* &> file

*cmd* > file 2>&1과 같지만, 더 선호되는 형식이다.

*cmd* &>> file

*file*에 표준 출력과 표준 에러를 모두 추가한다.

*cmd* > filea 2> fileb

*filea* 파일에 표준 출력을 보내고, *fileb* 파일에 표준 에러를 보낸다.

*cmd* | tee files

*cmd*의 출력을 표준 출력(일반적으로 터미널)과 *files*로 보낸다. *tee*(1)을 참고하자.

*cmd* 2>&1 | tee files

파이프를 통해 *cmd*의 표준 출력 및 에러 출력을 *tee*로 보내며, *tee*는 이것을 표준 출력(일반적으로 터미널)과 *files*로 출력한다.

*cmd* |& tee files

*cmd* 2>&1 | tee files과 같다.

배시는 특별한 문법을 사용하지 않아도 다수의 숫자로 구성된 파일 서술자 번호를 쓸 수 있다. 대부분의 다른 셸들은 특별한 문법이 필요하거나, 아예 그런 기능을 제공하지 않는다.

파일 서술자와 리디렉션 기호 사이에는 스페이스가 허용되지 않는다. 다른 경우에는 스페이스를 추가할 수 있다.

## 프로세스 치환

*cmd* <(*command*)

명명된 파이프나 */dev/fd*의 공개 파일에 출력이 연결된 *command*를 실행하고, *cmd*의 인자 리스트에 파일의 이름을 넣는다. *cmd*는 *command*의 출력을 보기 위해 그 파일을 읽을 수 있다.

*cmd* >(*command*)

명명된 파이프나 */dev/df*의 공개 파일에 입력이 연결된 *command*를 실행하고, *cmd*의 인자 리스트에 파일의 이름을 넣는다. *cmd*로 파일에 쓴 출력은 *command*의 입력이 된다.

프로세스 치환은 명명된 파이프(FIFO)를 지원하거나 */dev/fd*의 파일명을 통해 공개 파일 접근을 지원하는 시스템상에서 사용할 수 있다(근래의 모든 유닉스 시스템을 지원한다). 이는 비선형적 파이프라인을 생성하는 방법을 제공한다.

POSIX 모드 셸에서는 프로세스 치환을 사용할 수 없다.

## 변수에 파일 서술자 저장하기

배시는 리디렉션에서 파일 서술자 번호 대신 {변수명} 형식을 허용한다. 이때 셸은 9보다 큰 파일 서술자 번호를 사용하며, 명명된 셸 변수에 그 값을 대입한다. 변수명은 배열 요소와 셸에 특수한 변수도 명명할 수 있다. 예를 들면 다음과 같다.

```
# 파일 서술자 번호를 저장
$ echo foo {foofd}> /tmp/xyzzy
foo
```

```
$ echo $foofd
11
```

이것은 **exec**를 사용한 리디렉션과 함께 자주 쓰이는데, 이를 통해 스크립트의 뒷부분에서 그 파일 서술자를 사용할 수 있다.

 일단 이 방식으로 파일 서술자를 열면 배시가 닫아주지 않기 때문에 직접 닫아야 한다.

## 특수 파일명

배시는 리디렉션에서 여러 가지 특수 파일명을 인식한다. 이 특수 파일명들이 시스템에 없을 경우에만 배시가 내부적으로 그 파일명을 해석한다.

*/dev/stdin*
> 파일 서술자 0의 동의어이다.

*/dev/stdout*
> 파일 서술자 1의 동의어이다.

*/dev/stderr*
> 파일 서술자 2의 동의어이다.

*/dev/fd/<n>*
> 파일 서술자 *<n>*의 동의어이다.

*/dev/tcp/<host>/<port>*
> 배시는 호스트명이나 IP 주소로 된 *<host>*와 *<port>* 포트에 TCP 연결을 열고, 리디렉션에 그 파일 서술자를 사용한다.

—  Bash

*/dev/udp/<host>/<port>*

배시는 호스트명이나 IP 주소로 된 *<host>*와 *<port>* 포트에 UDP 연결을 열고, 리디렉션에 그 파일 서술자를 사용한다.

## 예시

```
# part1을 book에 복사
$ cat part1 > book

# part2와 part3를 추가
$ cat part2 part3 >> book

# report를 상사에게 전송
$ mail tim < report

# 히어 도큐먼트는 sed의 입력
$ sed 's/^/XX /g' << END_ARCHIVE
> This is often how a shell archive is "wrapped",
> bundling text for distribution. You would normally
> run sed from a shell program, not from
> the command line.
> END_ARCHIVE
XX This is often how a shell archive is "wrapped",
XX bundling text for distribution. You would normally
XX run sed from a shell program, not from
XX the command line.
```

표준 출력을 표준 에러로 리디렉션하기 위해서는 다음과 같이 한다.

```
$ echo "Usage error: see administrator" 1>&2
```

다음 명령은 (찾은 파일의) 출력을 *filelist*로 보내고 (접근할 수 없는 파일의) 에러 메시지는 *no_access*로 보낸다.

```
$ find / -print > filelist 2> no_access
```

다음은 두 파일을 정렬하고 diff 명령을 사용하여 두 결과물의 다른 점을 표시한다.

```
$ diff -u <(sort file1) <(sort file2) | less
```

# 함수

셸 함수는 셸 스크립트 내의 명령 집합이다. 셸 함수는 프로그램을 개별적인 태스크로 나누어 모듈화할 수 있도록 한다. 이를 통해 특정 태스크를 반복해서 수행할 때 그 태스크에 대한 코드가 매번 반복되지 않도록 한다. 함수 정의를 위한 POSIX 셸 문법은 본 셸을 따른다.

```
함수명 () {
    함수의 본문 코드
} [리디렉션]
```

함수는 정규 셸 내장 명령 혹은 외부 명령과 동일한 방식으로 호출된다. 명령 라인 파라미터 $1, $2 등은 함수의 인자를 받으며, 일시적으로 $1, $2 등의 전역 값을 숨긴다. $0는 전체 스크립트의 이름을 유지한다. 예를 들면 다음과 같다.

```
# 치명적 에러 --- 에러 메시지 출력 후 종료

fatal () {
    # 메시지를 표준 에러로 전달
    echo "$0: fatal error:" "$@" >&2
    exit 1
}
...
if [ $# = 0 ]      # 인자 부족
then
    fatal not enough arguments
fi
```

함수는 호출하는 셸 프로그램에 종료 상태를 반환하기 위해 return 명령을 사용할 수 있다.

POSIX 표준에 따라, 함수 정의와 함께 주어진 리디렉션은 함수가 실행될 때가 아닌 정의될 때 평가된다.

다음과 같이 조금 다른 문법으로 함수를 정의할 수도 있다.

function 함수명 [()] { 본문 } [리디렉션]

function 키워드를 사용할 때는 함수명 뒤의 소괄호를 생략할 수 있다.

=나 /를 이름에 포함하지 않는 함수는 export -f를 통해 환경으로 익스포트될 수 있다. 93쪽의 export를 참고하자.

함수들은 다음 표에 설명된 것과 같은 트랩들을 '부모' 셸과 공유한다(127쪽의 trap을 참고하자).

| 트랩 유형 | 공유/비공유 |
|---|---|
| 시그널 기반 트랩 | 함수가 트랩을 재정의하기 전까지 공유된다. |
| DEBUG | 함수 추적을 활성화(set -T 혹은 set -o functrace)하지 않으면 공유되지 않는다. 만약 함수 호출로 DEBUG 트랩 생성을 활성화하지 않으면 함수 반환 시 그 자리에 남는다. |
| ERR | 에러 추적이 활성화(set -E 혹은 set -o errtrace)하지 않으면 공유되지 않는다. |
| EXIT | 함수가 트랩을 재정의하기 전까지 공유된다. |
| RETURN | 함수 추적이 활성화(set -T 혹은 set -o functrace)하지 않으면 공유되지 않는다. |

함수는 지역 변수를 가질 수 있으며, 재귀적으로 호출 가능하다. 콘(korn) 셸과는 달리 함수를 정의하기 위해 사용되는 문법과는 관계가 없다.

함수명이 유효한 셸 식별자일 필요는 없다(외부 명령인 함수명은 유효한 셸 식별자 이름을 가질 필요가 없다). 그러나 이는 POSIX 모드 셸에는 적용되지 않는다. 그리고 POSIX 모드 셸은 POSIX의 특별한 내장 명령과 같은 이름으로 함수를 정의하는 것을 허용하지 않는다. 그렇게 하면 대화식 셸에서는 에러가 발생할 것이고, 비대화식 셸에서는 치명적(fatal) 에러가 발생할 것이다.

배시는 동적 범위 모델을 사용한다. local로 선언된 변수는 그 함수 안에서 접근할 수 있고, 그 함수가 호출하는 다른 함수에서도 접근할 수 있다. 이것이 다른 본 스타일의 셸들과 다른 점이다.

### 팁

전체 프로그램을 종료하고 싶은 것이 아니라면 함수 내에서 exit을 사용하지 않도록 주의한다.

## 변수

이번 절에서는 다음 주제들을 다룬다.

- 변수 대입
- 변수 치환
- 간접 변수(nameref)
- 내장 셸 변수
- 기타 셸 변수
- 배열
- 특수 프롬프트 문자열

### 변수 대입

변수명은 임의 개수의 문자, 숫자, 밑줄로 구성된다. 대소문자를 구분하며 숫자로 시작할 수 없다. 변수는 = 연산자를 통해 값을 대입 받는다. 변수명과 값 사이에는 공백이 있으면 안 된다. 다음과 같이 같은 라인에서 공백으로 각각을 구분하여 다중 대입을 할 수 있다.

```
firstname=Arnold lastname=Robbins numkids=4 numpets=1
```

관례적으로 셸이 사용하거나 설정하는 변수 이름은 대문자를 사용한
다. 하지만 그렇지 않은 이름도 대문자를 사용할 수 있다.

기본적으로 셸은 변숫값들을 문자열로 취급하는데, 문자열의 값이
모두 숫자여도 문자열로 취급한다. 그러나 값이 (declare −i를 통해
생성된) 정수 변수에 대입될 때, 배시는 대입의 오른쪽 부분을 표현식
으로 평가한다(47쪽의 “계산식” 절 참고). 예를 들면 다음과 같다.

```
$ i=5+3 ; echo $i
5+3
$ declare -i jj ; jj=5+3 ; echo $jj
8
```

+= 연산자는 대입의 오른쪽 부분을 기존 값에 더하거나 추가하도록 허
용한다. 정수 변수는 평가된 후 값에 더해지는 오른쪽 부분을 표현식
으로 취급한다. 배열은 새 요소를 배열에 더한다(44쪽의 “배열” 절 참
고). 예를 들면 다음과 같다.

```
$ name=Arnold              문자열 변수
$ name+=" Robbins" ; echo $name
Arnold Robbins
$ declare -i jj ; jj=3+5    정수 변수
$ echo $jj
8
$ jj+=2+4 ; echo $jj
14
$ pets=(blacky rusty)       배열 변수
$ echo ${pets[*]}
blacky rusty
$ pets+=(raincloud sophie)
$ echo ${pets[*]}
blacky rusty raincloud sophie
```

# 변수 치환

다음 표현식에는 스페이스를 사용해서는 안 된다. 콜론(:)은 선택적으로 사용 가능하지만, 콜론이 포함되면 *var*가 설정돼 있어야 하고 널이 아니어야 한다. 변수 치환 형식은 셸 nocasematch 옵션의 값을 따른다.

set -u가 활성화된 비대화식 셸에서, #, ##, %, %%, //, /#, /%, ^, ^^, ,, ,, 치환으로 설정되지 않은 변수를 사용하면 셸 종료의 원인이 된다.

${var:=a'special-text'b}처럼 변수 치환 중 작은따옴표를 친 부분은 특수 텍스트로 인식된다. 그러나 POSIX 모드에서는, 큰따옴표 내에서 변수 치환이 일어나면 작은따옴표는 새롭게 중첩된 쿼팅 문맥을 정의하지 않는다. 예외가 있는데, 작은따옴표는 #, ##, %, %%, //, /#, /%, ^, ^^, ,, ,, 치환과 함께 사용되면 쿼팅을 제공한다.

| | |
|---|---|
| *var=value* ... | 각 변수 *var*를 *value*로 설정한다. |
| ${*var*} | *var*의 값을 사용한다. *var*가 다음 텍스트와 분리되었다면 괄호는 생략 가능하다. 배열 변수에는 괄호가 필요하다. |
| ${*var*:-*value*} | 설정되었다면 *var*를 사용하고 그렇지 않으면 *value*를 사용한다. |
| ${*var*:=*value*} | 설정되었다면 *var*를 사용한다. 그렇지 않으면 *value*를 사용하고, *value*를 *var*에 대입한다. |
| ${*var*:?*value*} | 설정되었다면 *var*를 사용한다. 그렇지 않으면 *value*를 출력하고 종료한다(대화식이 아닐 경우). *value*가 제공되지 않으면 stderr에 parameter null or not set 문구를 출력한다. |
| ${*var*:+*value*} | *var*가 설정되었다면 *value*를 사용하고 그렇지 않으면 아무것도 사용하지 않는다. |
| ${#*var*} | *var*의 길이를 사용한다. |
| ${#*}, ${#@} | 위치 파라미터의 개수를 사용한다. |
| ${*var*#*pattern*} | 왼쪽부터 패턴 매칭된 텍스트를 제거한 다음 *var*의 값을 사용한다. 가장 짧은 매칭 조각을 제거한다. |

| | |
|---|---|
| ${var##pattern} | #pattern과 같지만, 가장 긴 매칭 조각을 제거한다. |
| ${var%pattern} | 오른쪽부터 패턴 매칭된 텍스트를 제거한 후 var의 값을 사용한다. 가장 짧은 매칭 조각을 제거한다. |
| ${var%%pattern} | %pattern과 같지만, 가장 긴 매칭 조각을 제거한다. |
| ${var^pattern} | var를 대문자로 변환한다. pattern은 파일명 매칭으로 평가된다. var의 첫 문자가 패턴에 매칭되면 대문자로 변환된다. 위치 파라미터가 수정되었다면 var는 *나 @일 수 있다. 치환이 배열의 모든 요소에 대해 적용되었다면 var는 *나 @로 첨자된(subscripted) 배열일 수도 있다.[3] |
| ${var^^pattern} | ^pattern과 같지만, 문자열 내의 모든 문자에 매칭을 적용한다. |
| ${var,pattern} | ^pattern과 같지만, 매칭된 문자를 소문자로 변환한다. 문자열의 첫 번째 문자에만 적용한다. |
| ${var,,pattern} | ,pattern과 같지만, 문자열 내의 모든 문자에 매칭을 적용한다. |
| ${var@a} | var의 속성을 나타내는 (declare에 관한) 플래그 값을 사용한다. 변환이 모든 요소에 적용되었다면 var는 @나 *로 첨자된 배열일 수 있다. |
| ${var@A} | 평가 시 var와 그것의 속성을 생성하는 명령 혹은 대입문 형식의 문자열이다. 변환이 모든 요소에 적용되었다면 var는 @나 *로 첨자된 배열일 수 있다. |
| ${var@E} | $'...' 이스케이프 시퀀스로 평가된 var의 값이다(13쪽의 "이스케이프 시퀀스" 절 참고). 변환이 모든 요소에 적용되었다면 var는 @나 *로 첨자된 배열일 수 있다. |
| ${var@P} | 프롬프트 문자열 이스케이프 시퀀스로 평가된 var의 값이다(45쪽의 "특수 프롬프트 문자열" 절 참고). 변환이 모든 요소에 적용되었다면 var는 @나 *로 첨자된 배열일 수 있다. |

---

3  배열을 첨자(subscript)한다는 것은 배열의 위치를 특정하는 것을 의미한다. 쉬운 예로, a가 배열이라면 a[0]은 대개 a의 첫 번째 요소를 의미한다.

| | |
|---|---|
| ${var@Q} | 입력 값을 허용하는 방식으로 퀴팅된 *var*의 값이다. 변환이 모든 요소에 적용되었다면 *var*는 @나 *로 첨자된 배열일 수 있다. |
| ${!*prefix*\*},<br>${!*prefix*@} | 이름이 prefix로 시작하는 변수의 리스트다. |
| ${*var*:*pos*},<br>${*var*:*pos*:*len*} | 변수 *var*의 *pos* 위치(0에서 시작하는)에서 시작하여 *len*개의 문자들을 추출하거나, *len*이 없을 때는 나머지 문자열을 추출한다. *pos*와 *len*은 계산식일 수 있다. 음의 len은 문자열의 끝에서부터 센다. *var*가 *나 @일 때 위치 파라미터에 확장이 수행된다. *pos*가 0이면 결과 리스트에 $0가 포함된다. 마찬가지로 *var*는 *나 @로 인덱싱된 배열일 수 있다. |
| ${*var*/*pat*/*repl*} | *pat*와 처음 매칭되는 부분을 *repl*로 바꾼 *var*의 값을 사용한다. |
| ${*var*/*pat*} | *pat*와 처음 매칭되는 부분을 삭제한 *var*의 값을 사용한다. |
| ${*var*//*pat*/*repl*} | *pat*와 매칭되는 모든 부분을 *repl*로 대체한 *var*의 값을 사용한다. |
| ${*var*/#*pat*/*repl*} | *pat*와 매칭되는 부분을 *repl*로 대체한 *var*의 값을 사용한다. 매칭은 반드시 값의 시작 부분에서 발생해야 한다. |
| ${*var*/%*pat*/*repl*} | *pat*와 매칭되는 부분을 *repl*로 대체한 *var*의 값을 사용한다. 매칭은 반드시 값의 끝부분에서 발생해야 한다. |
| ${!*var*} | 값을 사용해야 하는 변수명인 *var*의 값을 사용한다(간접 참조). |

## 예시

| | |
|---|---|
| $ u=up d=down blank= | 세 변수에 값을 대입<br>(마지막은 널) |
| $ echo ${u}root<br>uproot | 중괄호 필요 |
| $ echo ${u-$d}<br>up | u나 d의 값을 표출, u가 설정됐으므로<br>그것을 출력 |
| $ echo ${tmp-'date'}<br>Tue Feb 2 22:52:57 EST 2016 | tmp가 설정되지 않았으면, date 실행 |
| $ echo ${blank="no data"} | blank는 설정됐으므로, 그것이 출력됨<br>(빈 라인) |
| $ echo ${blank:="no data"} | blank를 널이 아닌 값으로 설정, 문자열 출력 |

— Bash

```
no data
$ echo $blank                    이제 blank는 새 값을 가짐
no data

# 현재 디렉터리명을 취하고 /로 끝나는 가장 긴 문자열을 제거하여
# 앞부분의 경로명을 제거하고 끝 부분을 남김
$ tail=${PWD##*/}

# 유명한 말을 인용
$ word=supercalifragilisticexpialidocious

# 첫 문자를 대문자로 수정
$ echo ${word^[r-t]}
Supercalifragilisticexpialidocious

# 매칭되는 모든 문자들을 대문자로 수정
$ echo ${word^^[r-t]}
SupeRcalifRagiliSTicexpialidociouS
```

## 간접 변수(nameref)

간접 변수, 혹은 nameref는 추가 변수를 지정하는 변수다. nameref에 적용되는 모든 작업(참조, 대입, 속성 변경)은 nameref의 값으로 지정하는 변수에도 적용된다. *nameref*는 declare -n으로 생성하고, unset -n으로 제거하고, test -R로 테스트한다. 예를 들면 다음과 같다.

```
$ greeting="hello, world"              보통의 변수 대입
$ declare -n message=greeting          nameref 선언
$ echo $message                        nameref을 통해 접근
hello, world                           값은 $greeting
$ message="bye now"                    nameref를 통해 대입
$ echo $greeting                       변경 확인
bye now
```

배시는 또한 한 변수가 간접적으로 다른 변수를 참조할 수 있도록 특별한 문법을 제공한다. 하지만 이 문법을 통한 대입은 불가능하다.

```
$ text=greeting                        보통의 변수 대입
$ echo ${!text}                        별칭 사용
bye now
```

nameref가 for 루프에서 제어 변수로 사용될 때 루프 용어들은 변수명으로 취급되고, nameref는 차례로 각각을 참조한다.

```
$ declare -n nr              nameref 설정
$ i=1                        간단한 카운터
$ for nr in v1 v2 v3         루프 시작
> do
>     nr=$((i++))            각각의 변수는 유일한 값을 가짐
> done
$ echo $v1 $v2 $v3           결과 확인
1 2 3
```

존재하는 변수를 nameref로 변환하면 -c, -i, -l, -u 속성을 비활성화한다(86쪽의 declare 참고).

## 내장 셸 변수

셸은 내장 변수들을 자동으로 설정하며, 대체로 셸 스크립트 안에서 사용된다. 내장 변수는 앞에서 본 변수 치환 패턴을 사용할 수 있다. 변수는 항상 이런 방식으로 참고되지만, $는 실제 변수명 부분이 아님을 주의하자. 다음은 모든 본 셸의 호환 셸에서 사용할 수 있다.

$#  명령 라인 인자의 개수이다.

$-  (명령 라인에서 제공됐거나 set로 제공된) 현재 유효한 옵션들이다. 셸은 일부 옵션을 자동으로 설정한다.

$?  마지막 실행 명령의 종료 값이다.

$$  셸의 프로세스 번호이다.

$!  마지막 백그라운드 명령의 프로세스 번호이다.

$0  첫 번째 단어이며, 이는 명령 이름이다. PATH 검색을 통해 명령을 찾았다면 이 값은 전체 경로명을 포함한다.

$n  명령 라인의 개별 인자들이다(위치 파라미터). 본 셸은 9개의 파라미터만을 직접 참고하도록 허용한다(n = 1-9). ${n}으로 지정되었다면 9보다 큰 n을 허용한다.

| | |
|---|---|
| $*, $@ | 명령 라인의 모든 인자들이다($1 $2 ...). |
| "$*" | 한 문자열로 된 명령 라인의 모든 인자들이다("$1 $2 ..."). $IFS의 첫 문자로 값들을 구분한다. |
| "$@" | 각각 쿼팅된 명령 라인의 모든 인자들이다("$1" "$2" ...). |

배시는 다음의 추가적인 변수들을 자동으로 설정한다.[4]

| | |
|---|---|
| $_ | 임시 변수이며, 스크립트나 실행 프로그램의 경로명으로 초기화된다. 이후에는 이전 명령의 마지막 인자를 저장한다. 또한, 메일을 확인할 때 매칭되는 MAIL 파일의 이름을 저장한다. |
| BASH | 배시 인스턴스를 호출하는 데 사용되는 전체 경로명이다. |
| BASHOPTS | 현재 활성화된 셸 옵션을 콜론으로 구분한 리스트로, 읽기 전용이다. 리스트의 각 아이템은 shopt -s에 유효한 옵션이다. 배시를 시작할 때 환경에 이 변수가 존재하면 모든 시작 파일 실행 전에 지시된 옵션들을 설정한다. |
| BASHPID | 현재 배시 프로세스의 프로세스 ID이다. 일부 상황에서 이것은 $$와 다를 수 있다. |
| BASH_ALIASES | 연관 배열 변수다. 각 요소는 alias 명령으로 정의된 별칭을 유지한다. 이 배열에 요소를 추가하는 것은 새 별칭을 생성한다. |
| BASH_ARGC | 배열 변수다. 각 요소는 상응하는 함수나 닷스크립트 (dot-script) 호출을 위해 인자의 개수를 유지한다. shopt -s extdebug를 통한 확장 디버그 모드에서만 설정하고, 설정을 해제할 수는 없다. |
| BASH_ARGV | BASH_ARGC와 유사한 배열 변수다. 각 요소는 함수나 닷스크립트로 전달된 인자 중 하나로, 호출마다 값 |

---

4 모든 변수가 항상 설정되는 것은 아니다. 예를 들어 COMP* 변수들은 프로그램 가능한 완성 함수들이 실행 중에만 값을 가진다.

이 푸시되는 스택으로 동작한다. 따라서 마지막 요소
는 가장 최근의 함수나 스크립트 호출의 마지막 인자
가 된다. shopt -s extdebug를 통한 확장 디버그
모드에서만 설정하고 설정을 해제할 수는 없다.

BASH_CMDS      연관 배열 변수다. 각 요소는 hash 명령으로 유지되
는 내부 해시 테이블의 명령을 참조한다. 인덱스는 명
령 이름이고 값은 명령의 전체 경로다. 이 배열에 요
소를 추가하면 해시 테이블에도 명령이 추가된다.

BASH_COMMAND      현재 실행 중이거나 곧 실행되려는 명령이다. 트랩
핸들러 내에서는 트랩이 호출됐을 때 실행되는 명령
이다.

BASH_EXECUTION_STRING      -c 옵션에 전달되는 문자열 인자다.

BASH_LINENO      BASH_SOURCE와 FUNCNAME에 상응하는 배열 변
수다. (0부터 시작하는) 주어진 모든 함수 번호 i
에 대해, ${BASH_SOURCE[i]} 파일의 ${BASH_
LINENO[i]} 라인에 있는 ${FUNCNAME[i]}가 호출
된다. 최근 함수 호출 순으로 정보가 저장된다. 설정
을 해제할 수 없다.

BASH_REMATCH      [[ ]] 구문의 =~ 연산자로 대입되는 배열 변수다. 인
덱스 0은 전체 패턴에 매칭되는 텍스트다. 다른 인덱
스들은 괄호로 처리된 하위 표현식에 의해 매칭되는
텍스트들이다. 이 변수는 읽기 전용이다.

BASH_SOURCE      소스 파일명을 포함하는 배열 변수다. 각각의 요소는
FUNCNAME과 BASH_LINENO에 상응한다. 설정을 해
제할 수 없다.

BASH_SUBSHELL      이 변수는 하위 셸이나 하위 셸 환경이 생성될 때마다
1만큼 증가한다.

BASH_VERSINFO[0]      배시의 메이저 버전 번호, 혹은 릴리스 번호다.

BASH_VERSINFO[1]      배시의 마이너 버전 번호, 혹은 버전 번호다.

BASH_VERSINFO[2]      패치 레벨이다.

BASH_VERSINFO[3]      빌드 버전이다.

| | |
|---|---|
| BASH_VERSINFO[4] | 릴리스 상태이다. |
| BASH_VERSINFO[5] | 머신 유형이며, $MACHTYPE과 같은 값을 가진다. |
| BASH_VERSION | 배시의 버전을 설명하는 문자열이다. |
| COMP_CWORD | 프로그램 가능한 완성 기능에 대한 변수다. COMP_WORDS로 인덱싱하며, 현재 커서 위치를 나타낸다. |
| COMP_KEY | 프로그램 가능한 완성 기능에 대한 변수다. 현재의 완성 함수를 호출한 키 혹은 시퀀스의 마지막 키다. |
| COMP_LINE | 프로그램 가능한 완성 기능에 대한 변수다. 현재 명령 라인이다. |
| COMP_POINT | 프로그램 가능한 완성 기능에 사용하는 변수로 $COMP_LINE의 문자 인덱스로서의 커서 위치다. |
| COMP_TYPE | 프로그램 가능한 완성 기능에 대한 변수이며, 프로그램 가능한 완성의 유형을 설명하는 문자다. 문자는 일반적인 완성을 위한 탭, 두 번의 탭 입력 이후 완성 리스트를 위한 ?, 부분 단어 완성 시 대안 리스트를 위한 !, 단어가 수정된 경우의 완성을 위한 @, 메뉴 완성을 위한 % 중 하나다. |
| COMP_WORDBREAKS | 프로그램 가능한 완성 기능에 대한 변수다. 단어 완성 수행 시에 readline 라이브러리가 단어 구분 기호로 취급하는 문자들이다. |
| COMP_WORDS | 프로그램 가능한 완성 기능에 대한, 명령 라인의 개별 단어들을 포함하는 배열 변수다. |
| COPROC | 불특정 코프로세스와의 통신을 위해 사용되는 파일 서술자를 유지하는 배열 변수다. 더 많은 정보는 69쪽의 "코프로세스" 절을 참고하자. |
| DIRSTACK | 배열 변수이며 dirs으로 표출되는 디렉터리 스택의 내용을 포함한다. 존재하는 요소에 대한 변경은 스택을 수정한다. 하지만 pushd와 popd만이 스택에서 요소를 더하거나 제거할 수 있다. |
| EUID | 현재 사용자의 숫자 유효 UID를 포함한 읽기 전용 변수다. |

| | |
|---|---|
| FUNCNAME | 배열 변수이며, 함수 이름을 포함한다. 각각의 요소는 BASH_SOURCE와 BASH_LINENO에 상응한다. |
| FUNCNEST | 최대 함수 호출 중첩 레벨을 정의하는 0보다 큰 값이다. 중첩 함수 호출이 이 값을 초과하면 현재 명령을 중단한다. |
| GROUPS | 배열 변수이며, 현재 사용자가 멤버인 숫자 그룹 ID의 리스트를 포함한다. |
| HISTCMD | 현재 명령의 히스토리 번호이다. |
| HOSTNAME | 현재 호스트의 이름이다. |
| HOSTTYPE | 호스트 시스템을 설명하는 문자열이다. |
| LINENO | 스크립트나 함수 내의 현재 라인 번호이다. |
| MACHTYPE | GNU *cpu-company-system* 포맷으로 호스트 시스템을 설명하는 문자열이다. |
| MAPFILE | mapfile과 readarray 명령의 기본 배열이다. 더 많은 정보는 107쪽의 mapfile을 참고하자. |
| OLDPWD | 이전 작업 디렉터리이다(cd에 의해 설정되거나, 환경이 디렉터리를 지정하면 그것을 상속받는다). |
| OPTARG | getopts이 처리하는 마지막 옵션에 대한 인자 값이다. |
| OPTIND | OPTARG의 숫자 인덱스다. |
| OSTYPE | 운영체제를 설명하는 문자열이다. |
| PIPESTATUS | 배열 변수이며, 가장 최근 포그라운드(foreground) 파이프라인 내 명령들의 종료 상태를 포함한다. 파이프라인은 한 개의 명령만 포함할 수 있다. |
| PPID | 현재 셸의 부모 프로세스 번호다. |
| PWD | 현재 작업 디렉터리다(cd로 설정한다). |
| RANDOM[=*n*] | 각각의 참조를 포함한 새로운 임의 숫자를 생성한다. 정수 *n*이 주어졌다면 그것부터 시작한다. |
| READLINE_LINE | bind -x와 함께 사용하기 위한 변수다. 이 변수를 통해 편집 중인 버퍼의 내용을 볼 수 있다. |

READLINE_POINT      bind -x와 함께 사용하기 위한 변수다. 삽입 위치의 $READLINE_LINE 내 인덱스다.

REPLY      응답 기본값이며, select와 read에 의해 사용된다.

SECONDS [=n]      셸이 시작된 이후 지난 초 단위의 시간이다. n이 주어진 경우, 대입 + n 이후의 초 단위 시간이 된다.

SHELLOPTS      읽기 전용이며, (set -o로 설정한) 셸 옵션들을 콜론으로 구분한 리스트다. 시작할 때 환경에서 설정되면, 배시는 다른 명령 파일들을 읽기 전에 리스트 내의 각 옵션들을 활성화한다.

SHLVL      새로운 배시가 시작될 때마다 1만큼 증가한다.

UID      현재 사용자의 숫자 실제 UID를 포함한 읽기 전용 변수다.

이 변수들 중 대다수는 프로그램 가능한 완성 기능(53쪽의 "프로그램 가능한 완성 기능" 절 참고)이나 배시 디버거(*http://bashdb.sourceforge.net* 참고)를 지원한다.

## 기타 셸 변수

다음 변수 중 많은 것이 셸의 동작에 영향을 미칠 수 있지만, 셸이 자동으로 설정하지는 않는다. 이 변수들은 일반적으로 *.bash_profile*이나 *.profile* 파일에서 설정할 수 있으며, 요구 사항에 맞춰 정의할 수 있다. 변수들은 다음 형식의 명령을 내려서 값을 대입할 수 있다.

*variable=value*

다음 목록은 이 변수들을 정의할 때 요구되는 값의 유형을 설명한다.

BASH_COMPAT      지원되는 셸 호환성 레벨에 해당하는(4.3이나 43 같은) 10진수나 정수 값을 설정하면, 그 호환성 레벨을 활성화한다(예를 들어 4.3과 43은 shopt -s compat43에 해당한다). 설정하지 않거나 빈

문자열로 설정하면 현재 셸의 호환성으로 설정된
다. shopt 명령은 이 변수를 변경하지 않는다. 이
변수는 환경에서 상속될 수 있다.

BASH_ENV
시작할 때 설정하면 초기화 명령을 위해 처리해야
할 파일을 지정한다. 값은 파일명으로 해석되기 전
에 파라미터 확장, 명령 치환, 산술 확장을 거친다.

BASH_LOADABLES_PATH
콜론으로 구분된 한 개, 혹은 여러 개의 경로명이
며, enable로 지정한 동적으로 로딩할 수 있는 내
장 명령을 검색하는 데 사용된다.

BASH_XTRACEFD=*n*
배시가 (set −x로부터의) 추적 출력을 쓸 파일 서
술자다.

CDPATH=*dirs*
cd로 검색한 디렉터리들이며 디렉터리 변경 시 바
로 가기가 가능하다. 설정되지 않는 것이 기본값
이다.

CHILD_MAX=*n*
셸이 종료 상태를 기억할 자식 프로세스의 최대 개
수를 설정한다. 최댓값은 8192이며, 최솟값은 시
스템에 따라 다르다.

COLUMNS=*n*
화면의 열 너비이며, 라인 편집 모드와 select 리
스트에 사용된다. 기본 값은 현재 터미널 너비이다.

COMPREPLY=(*words*...)
완성 함수가 생성한 결과를 포함하는 배열이며, 배
시는 이 배열로부터 완성 가능한 대상을 얻는다.

EMACS
값이 t로 시작하면 배시는 그것이 이맥스 버퍼에서
실행 중인 것으로 가정하고 라인 편집을 비활성화
한다.

ENV=*file*
POSIX 모드에서 시작할 때, 혹은 배시가 /*bin*/
*sh*로 호출할 때 실행되는 스크립트의 이름이다. 별
칭 저장과 함수 정의에 유용하다. 예를 들면, ENV=
$HOME/.shellrc와 같다.

EXECIGNORE=*patlist*
실행 가능한 파일을 검색할 때 무시할 파일명들
을 지정하기 위한 글롭(glob) 패턴을 콜론으로 구
분한 리스트다. 실행 권한이 있는 공유 라이브러리

파일들을 무시할 때 유용하다. extglob 셸 옵션
의 값을 따른다.

FCEDIT=*file*        fc 명령에 의해 사용되는 에디터다. 배시가 POSIX
모드일 때의 기본값은 /bin/ed이다. POSIX 모드
가 아니라면 설정 시 $EDITOR가 기본값이고, 무설
정 시 vi가 기본값이다.

FIGNORE=*patlist*    readline 라이브러리로 파일명 완성 기능을 사용
할 때, 무시할 파일명들을 지정하기 위한 접미사들
을 콜론으로 구분한 리스트다.

GLOBIGNORE=*patlist* 패턴 매칭 중에 무시할 파일명들을 지정하기 위
한 패턴들을 콜론으로 구분한 리스트다. nocase
match와 extglob 셸 옵션을 따른다.

HISTCONTROL=*list*   명령이 히스토리 파일에 저장되는 방식을 제어
하기 위한 값들을 콜론으로 구분한 리스트다.
ignoredups, ignorespace, ignoreboth,
erasedups 값들이 인식된다.

HISTFILE=*file*      명령 히스토리를 저장하기 위한 파일이다. 기본값
은 ~/.bash_history이다.

HISTFILESIZE=*n*     히스토리 파일에 유지돼야 할 라인의 개수로 명령
의 개수와는 다를 수 있다. 0으로 설정하면 명령이
저장되지 않는다. 음수이거나 숫자가 아니면 제한
이 없어진다. 기본값은 500이다.

HISTIGNORE=*list*    전체 명령 라인에 매칭돼야 하는 패턴들을 콜론
으로 구분한 리스트다. 매칭되는 라인들은 히스
토리 파일에 저장되지 않는다. 패턴의 이스케이프
되지 않은 &는 이전의 히스토리 라인에 매칭된다.
extglob 셸 옵션의 값을 따른다.

HISTSIZE=*n*         히스토리 리스트에 유지돼야 할 히스토리 명령 개
수다. 0으로 설정되면 명령이 저장되지 않는다. 음
수이거나 숫자가 아니면 제한이 없어진다. 기본값
은 500이다.

HISTTIMEFORMAT=*string*  history 명령의 결과로 출력되는 명령들과

함께 출력되는 타임스탬프에 사용하기 위한 *strftime*(3) 포맷 문자열이다. 설정되면(널인 경우라도), 배시는 히스토리 파일에 명령들과 함께 타임스탬프를 저장한다.

HOME=*dir*

홈 디렉터리이며, (*/etc/passwd* 파일에서) login으로 설정한다.

HOSTFILE=*file*

배시가 호스트명 완성 기능에서 호스트명을 찾기 위해 사용하는, */etc/hosts*와 같은 포맷을 가진 파일의 이름이다.

IFS='*chars*'

입력 필드 구분 기호다. 기본값은 스페이스, 탭, 뉴라인이다.

IGNOREEOF=*n*

배시 종료 전에 연속적인 EOF 문자들이 얼마나 많이 타이핑돼야 하는지를 나타내는 숫자 값이다. 널이나 숫자가 아닌 값일 경우 기본값은 10이다. 대화식 셸에만 적용된다.

INPUTRC=*file*

*readline* 라이브러리를 위한 초기화 파일로, ~/.*inputrc*의 기본값을 오버라이딩한다.

LANG=*locale*

로캘에 대한 기본값이다. LC_* 변수들이 설정되지 않은 경우에 사용된다.

LC_ALL=*locale*

현재 로캘이며, LANG과 다른 LC_* 변수들을 오버라이딩한다.

LC_COLLATE=*locale*

문자 대조에 사용하는 로캘이다(정렬 순서).

LC_CTYPE=*locale*

문자 클래스 함수에 사용하는 로캘이다(9쪽의 "파일명 메타문자" 절 참고).

LC_MESSAGES=*locale*

$"..." 문자열 번역에 사용하는 로캘이다.

LC_NUMERIC=*locale*

소수점 문자에 사용하는 로캘이다.

LC_TIME=*locale*

날짜와 시간 포맷에 사용하는 로캘이다.

LINES=*n*

화면의 높이로, select 리스트에 사용된다. 무설정 시 현재 터미널 높이가 기본값이다.

MAIL=*file*

들어오는 메일을 확인하기 위한 기본 파일이다. login으로 설정한다.

— Bash

| | |
|---|---|
| MAILCHECK=*n* | 메일을 확인하는 초 간격이며, 기본값은 60(1분)이다. |
| MAILPATH=*files* | 들어오는 메일을 확인하기 위한 파일들이며, 콜론으로 구분한다. 각 파일에 따라, 파일의 크기가 증가할 때 셸이 출력할 메시지를 선택적으로 제공할 수 있다. 메시지는 ? 문자로 파일명과 분리되고, You have mail in $_가 기본 메시지다. $_는 파일의 이름으로 대체된다. 예를 들면 다음과 같다.<br><br>MAILPATH="$MAIL?Candygram!:/etc/motd?New Login Message" |
| OPTERR=*n* | (기본값인) 1로 설정된 경우, 배시는 내장 getopts 명령으로 에러 메시지를 출력한다. |
| PATH=*dirlist* | 실행할 명령을 검색하는 데 사용되는 경로명들을 콜론으로 구분한 것이다. 컴파일된 기본값은 /usr/local/bin:/usr/local/sbin:/usr/bin:/usr/sbin:/bin:/sbin:.이다. 대다수 시스템을 위한 기본값은 /bin:/usr/bin이다. |
| POSIXLY_CORRECT=*string* | 시작할 때나 실행할 때 설정하면 배시는 POSIX 모드로 들어가고, POSIX 표준과 충돌하는 동작을 비활성화하고 기능을 수정한다. |
| PROMPT_COMMAND=*command* | 이 명령을 설정하면 배시는 일차 프롬프트를 출력하기 전에 매번 이 명령을 실행한다. |
| PROMPT_DIRTRIM=*n* | \w나 \W 특수 프롬프트 문자열에 얼마나 많은 후행 디렉터리 요소들을 유지할지를 나타낸다(45쪽의 "특수 프롬프트 문자열 절 참고"). 생략된 요소들은 생략 부호로 대체된다. |
| PS0=*string* | 명령을 읽은 다음 그것을 실행하기 전에 대화식 셸이 출력하는 문자열이다. |
| PS1=*string* | 일차 프롬프트 문자열이며, 기본값은 '\s-\v\$ '이다. |

PS2=*string*    (다중 라인 명령에 사용되는) 이차 프롬프트이며, 기본값은 >이다.

PS3=*string*    select 루프의 프롬프트 문자열이며, 기본값은 #?이다.

PS4=*string*    실행 추적(bash −x 혹은 set −x)을 위한 프롬프트 문자열이며, 기본값은 +다. 루트로 실행되는 셸은 환경에서 이 변수를 상속받지 않는다.

SHELL=*file*    사용자의 기본 셸 이름이다(예: */bin/sh*). 시작할 때 환경에 이것이 없으면 배시가 설정한다.

TERM=*string*    터미널 유형이다.

TIMEFORMAT=*string*    time 키워드 출력을 위한 포맷 문자열이다. 상세 사항에 대해서는 *bash*(1) 매뉴얼 페이지를 참고하기 바란다.

TMOUT=*n*    *n*초 후에도 명령이 타이핑되지 않으면 셸을 종료한다. read 명령과 select 루프에도 작용한다.

TMPDIR=*directory*    셸이 생성하고 사용하는 임시 파일을 *directory*에 둔다.

auto_resume=*list*    중지된 작업들을 재개하기 위해 간단한 문자열들의 사용을 활성화한다. exact로 설정하면 문자열은 명령 이름과 정확하게 매칭돼야 한다. substring으로 설정하면 명령 이름의 부분 문자열과 매칭될 수 있다.

histchars=*chars*    배시의 csh 스타일 히스토리 확장을 제어하는, 두 개 혹은 세 개로 구성된 문자들이다. 첫 번째 문자는 히스토리 이벤트 시그널을 보내며, 두 번째 문자는 '빠른 치환' 문자이고, 세 번째 문자는 주석의 시작을 나타낸다. 기본값은 !^#이다. 51쪽의 "C 셸 스타일 히스토리" 절을 참고하자.

## 배열

배시는 0보다 크거나 같은 정수 인덱스를 가지는 인덱싱된 배열(*indexed arrays*)과 인덱스가 문자열인 연관 배열(*associative arrays*), 두 가지 종류의 배열을 제공한다.

### 인덱싱된 배열

배시는 일차원 배열을 지원하는데, 첫 번째 요소를 0부터 센다. 배시는 요소의 개수에 제한이 없다. 배열은 다음과 같은 특별한 대입 형식으로 초기화된다.

```
message=(hi there how are you today)
```

지정된 값들은 배열의 요소가 된다. 다음처럼 개별 요소도 대입될 수 있다.

```
message[0]=hi          # 힘든 방법이다
message[1]=there
message[2]=how
message[3]=are
message[4]=you
message[5]=today
```

인덱싱된 배열을 선언할 필요는 없다. 첨자된 변수에 값을 대입하는 방식으로 배열을 생성할 수 있다.

배열을 참조할 때 ${...} 문법을 사용한다. 이것은 (자동 쿼팅을 하는 let의 형식인) ((...)) 내의 배열을 참조할 때는 필요하지 않다. [와 ]는 문자 그대로 타이핑된다(즉, 생략 가능한 문법이 아니다).

음수 첨자는 마지막 인덱스에 1을 더한 것부터 거꾸로 센다.

```
$ a=(0 1 2 3 4 5 6 7 8)       인덱싱된 배열 생성
$ echo ${a[4]}                양수 인덱스 사용
4
$ echo ${a[-2]}               음수 인덱스 사용: 8 + 1 - 2 = 7
7
```

## 배열 치환

배열과 배열 요소에 대한 변수 치환은 다음과 같다.

${name[i]}      배열 *name*의 *i* 요소를 사용한다. i는 47쪽의 "계산식" 절에 설명
                된 어떠한 계산식도 될 수 있다.

${name}         배열 *name*의 0번 요소를 사용한다.

${name[*]},     배열 *name*의 모든 요소를 사용한다.
${name[@]}

${#name[*]},    배열 *name*의 요소 개수를 사용한다.
${#name[@]}

## 연관 배열

배시는 연관 배열을 제공하며, 그것의 인덱스들은 숫자가 아닌 문자열
이다(awk 처럼). 이 경우, [와 ]는 큰따옴표처럼 동작한다. 연관 배열
은 declare, local, readonly 명령들에 -A 옵션을 사용해서 선언해야
한다. 다음의 특별한 문법은 여러 개의 요소들을 한 번에 대입할 수 있
게 해준다.

```
data=([joe]=30 [mary]=25)    연관 배열 대입
message=([0]=hi [2]=there)   인덱싱된 배열 대입
```

값을 가져오려면 ${data[joe]}과 ${data[mary]}를 사용한다.

   연관 배열의 모든 인덱스들을 가져오기 위한 특수 확장은 인덱싱된
배열에서 동작하는 것과 똑같이 동작한다.

## 특수 프롬프트 문자열

배시는 다음 특수 이스케이프 시퀀스를 위한 PS0, PS1, PS2, PS4 값
들을 처리한다.

\a              ASCII BEL 문자이다(8진수 07).

| | |
|---|---|
| \A | 24시 HH:MM 포맷의 현재 시각이다. |
| \d | "주 월 일" 포맷의 날짜다. |
| \D{*format*} | *strftime*(3) 포맷의 *format*에 의해 지정된 날짜다. 괄호는 생략할 수 없다. |
| \e | ASCII 이스케이프 문자이다(8진수 033). |
| \h | 첫 번째 마침표까지의 호스트명이다. |
| \H | 전체 호스트명이다. |
| \j | 현재 작업 개수이다. |
| \l | 셸의 터미널 장치의 기본명이다. |
| \n | 뉴라인 문자다. |
| \r | 캐리지 리턴 문자다. |
| \s | 셸의 이름이다($0의 기본명). |
| \t | 24시 HH:MM:SS 포맷의 현재 시각이다. |
| \T | 12시 HH:MM:SS 포맷의 현재 시각이다. |
| \u | 현재 사용자의 사용자명이다. |
| \v | 배시의 버전이다. |
| \V | 배시의 릴리스이다(버전에 패치 레벨을 추가). |
| \w | ~를 약어로 사용하는, $HOME을 포함하는 현재 디렉터리다. PROMPT_DIRTRIM 변수의 설명도 참고하도록 하자. |
| \W | ~를 약어로 사용하는, $HOME을 포함하는 현재 디렉터리의 기본명이다. PROMPT_DIRTRIM 변수의 설명도 참고하도록 하자. |
| \! | (히스토리에 저장된) 이 명령의 히스토리 번호다. |
| \# | 이 명령의 명령 개수다(현재 셸이 실행한 명령의 개수). |
| \$ | 유효 UID가 0이면 #이고, 그렇지 않으면 $이다. |
| \@ | 12시 오전/오후 포맷의 현재 시각이다. |
| \\*nnn* | 8진수 값 *nnn*으로 표현되는 문자다. |
| \\\\ | 문자 그대로의 백슬래시이다. |
| \[ | 터미널 에뮬레이터 내의 강조나 색상 변경같이 인쇄할 수 없는 문자 시퀀스의 시작이다. |

\] 　　　　인쇄할 수 없는 문자 시퀀스의 끝이다.

PS0, PS1, PS2, PS4 변수들은 이스케이프 시퀀스, 변수 치환, 명령 치환, 산술 치환에 대한 치환을 거친다. 이스케이프 시퀀스가 먼저 처리되고, shopt 명령을 통해 promptvars 셸 옵션이 활성화되면 치환이 수행된다.

POSIX 모드에서는 조금 다르다. PS1과 PS2의 값들이 파라미터 확장을 거치고 !은 현재 명령의 히스토리 번호로 대체되며, !!은 문자 그대로의 느낌표로 대체된다.

# 계산식

let 명령은 정수 계산을 수행한다. (명령 인자나 변수 사용을 위해) 셸은 산술 값을 치환할 방법을 제공하며, 진법 변환도 가능하다.

$((expr))　　　포함된 계산식의 값을 사용한다. 배시에서는 $((...))을 중첩 명령 치환으로 파싱을 시도하기 전에 계산식으로 파싱을 시도한다.

B#n　　　　정수 n을 B진수로 해석한다. 예를 들면, 8#100는 10진수 64와 같은 8진수이다.

## 연산자

셸은 다음 산술 연산자들을 사용한다. 뒤로 갈수록 우선순위가 낮아진다(대부분 C 프로그래밍 언어와 같다).

| 연산자 | 설명 |
| --- | --- |
| ++ -- | 자동 증가 및 자동 감소, 변수 앞이나 뒤 모두 사용 가능 |
| + - | 단일 플러스, 마이너스 |
| ! ~ | 논리 부정 및 이진 반전(inversion) (1의 보수) |
| ** | 누승 |

| | |
|---|---|
| * / % | 곱셈, 나눗셈, 나머지 |
| + - | 덧셈, 뺄셈 |
| << >> | 비트 왼쪽 시프트, 비트 오른쪽 시프트 |
| < <= > >= | 작다, 작거나 같다, 크다, 크거나 같다 |
| == != | 같다, 같지 않다(둘 다 왼쪽에서 오른쪽으로 평가) |
| & | 비트 AND |
| ^ | 비트 배타 OR |
| \| | 비트 OR |
| && | 논리 AND(단락 연산) |
| \|\| | 논리 OR (단락 연산) |
| ?: | 인라인 조건 평가 |
| = += -= | |
| *= /= %= | |
| <<= >>= | 대입 |
| &= ^= \|= | |
| , | 순차적 표현식 평가 |

## 주의 사항

let과 ((...))는 셀에 내장되어 있기 때문에 변수값에 접근할 수 있다.
변수의 값을 얻기 위해 변수명 앞에 달러 기호를 달 필요가 없다(물론
앞에 달러 기호를 달아도 괜찮다).

let의 종료 상태는 헷갈리기 쉽다. 0이 아닌 수학적 결과에 대해서
는 0(성공)이고, 0인 수학적 결과에 대해서는 0이 아니다(실패).

## 예시

```
let "count=0" "i = i + 1"        i와 count에 값을 대입
```

```
let "num % 2"                      num이 홀수이면 성공적으로 종료
(( percent <= 0 &&                 값의 범위를 테스트
   percent <= 100 ))
a=5 b=2                            몇몇 값 설정
echo $(("a" + "b"))                변수는 큰따옴표 처리 가능
```

더 많은 정보와 예시는 105쪽의 let을 참고하자.

## 명령 히스토리

셸은 이전 명령을 보거나 수정할 수 있는 기능을 제공한다. history 명령을 사용하면 셸의 히스토리에 저장된 명령의 리스트를 관리할 수 있다. 이에 대한 더 많은 정보는 101쪽의 history를 참고하자. 대화식 셸만이 아니라 히스토리를 활성화한 셸은 (set -o history를 통해) 자신의 히스토리를 저장한다.

이번 절은 저장된 명령을 편집하는 기능에 초점을 맞춘다. 히스토리 리스트의 명령들은 다음 방법들을 통해 수정할 수 있다.

- 라인 편집 모드
- fc 명령
- C 셸 스타일 히스토리

### 라인 편집 모드

라인 편집 모드는 vi와 이맥스 에디터의 많은 기능들을 모방한다. 히스토리 리스트는 파일처럼 취급된다. 에디터가 호출되면 실행할 명령 라인으로 이동하기 위해 편집 키 입력을 타이핑하고, 라인을 실행하기 전에 변경할 수도 있으며, 엔터 키를 눌러서 명령을 내린다.

이맥스 편집 모드가 기본값이다. 명령 라인 편집을 제어하려면 set -o vi나 set -o emacs를 사용한다. 배시는 에디터를 지정하기 위해 변수를

사용하지 않는다.

vi 편집 모드는 입력 모드에서 실행된다. vi 명령을 타이핑하기 위해서는 Esc 키를 먼저 누른다.

## 일반적인 편집 키 입력

| vi | 이맥스 | 결과 |
|---|---|---|
| k | CTRL-p | 이전 명령 |
| j | CTRL-n | 다음 명령 |
| /string | CTRL-r string | string을 포함하는 이전 명령 |
| h | CTRL-b | 한 문자 뒤로 이동 |
| l | CTRL-f | 한 문자 앞으로 이동 |
| b | ESC-b | 한 단어 뒤로 이동 |
| w | ESC-f | 한 단어 앞으로 이동 |
| X | DEL | 이전 문자 삭제 |
| x | CTRL-d | 커서가 가리키는 문자 삭제 |
| dw | ESC-d | 앞 단어 삭제 |
| db | ESC-h | 뒤 단어 삭제 |
| xp | CTRL-t | 두 단어 교환 |

두 편집 모드 모두 저장된 히스토리 내의 이동을 위해 커서 키 사용을 허용한다.

## fc 명령

fc는 'find command(명령 발견)'나 'fix command(명령 수정)'를 의미하며, 그 두 작업을 수행한다. 히스토리 명령의 리스트를 구하기 위해서 fc -l을 사용하고, 편집하기 위해서는 fc -e를 사용한다. 더 많은 정보는 94쪽의 fc를 참고하자.

### 예시

```
$ history            마지막 16개 명령의 리스트
$ fc -l 20 30        20에서 30번째 명령의 리스트
$ fc -l -5           마지막 5개 명령의 리스트
$ fc -l cat          마지막 cat 이후의 모든 명령 리스트
$ fc -l 50           50번째 명령 이후의 모든 명령 리스트
$ fc -ln 5 > doit    5번째 명령을 doit 파일에 저장
$ fc -e vi 5 20      vi를 사용하여 5에서 20번째 명령 편집
$ fc -e emacs        이맥스를 사용하여 이전 명령 편집
```

### 팁

fc를 사용하는 것보다는 대화식 라인 편집을 통하는 것이 쉬운데, 이는 선호하는 에디터 명령을 사용하여 저장된 명령 히스토리를 위/아래로 이동할 수 있기 때문이다. 또한 명령 히스토리를 탐색하기 위해 위/아래 화살표 키를 사용할 수도 있다.

## C 셸 스타일 히스토리

대화식 편집 기능과 POSIX fc 명령 이외에, 배시는 버클리 C 셸(csh)과 유사한 명령 라인 편집 모드를 지원한다. 이 기능은 set +H를 사용하여 비활성화할 수 있다. 많은 사용자들이 대화식 편집 기능을 선호하지만 csh에 익숙하다면 이 기능을 쉽게 사용할 수 있다.

POSIX 모드에서 큰따옴표 내부의 히스토리 확장은 발생하지 않으며 항상 작은따옴표 내부로 제한된다.

배시 5.0에서는 set +H가 기본값이 될 것이다.

### 이벤트 지정자

이벤트 지정자는 명령 라인 단어를 히스토리 치환으로 표시한다.

| 명령 | 설명 |
|------|------|
| ! | 히스토리 치환을 시작 |
| !! | 이전 명령 |
| !n | 히스토리 리스트의 명령 번호 n |
| !-n | 현재 명령으로부터 뒤로 n번째 명령 |
| !string | string으로 시작하는 가장 최근 명령 |
| !?string[?] | string을 포함하는 가장 최근 명령 |
| # | 지금까지 입력한 모든 명령 라인 |
| ^old^new^ | 빠른 치환, 이전 명령의 old 문자열을 new로 변경한 후 수정된 명령을 실행 |

### 단어 치환

단어 지정자는 이전 명령 라인에서 개별 단어들을 받을 수 있도록 한다. 다음의 초기 이벤트 지정자를 따르며 콜론으로 구분한다. ^, $, *, -, % 중 하나가 뒤따르면 콜론은 생략할 수 있다.

| 지정자 | 설명 |
|--------|------|
| :0 | 명령 이름 |
| :n | n번째 인자 |
| ^ | 처음 인자 |
| $ | 마지막 인자 |
| % | !?string? 검색에 의해 매칭되는 인자 |
| :n-m | n부터 m까지 인자 |
| -m | 0부터 m번째까지의 단어, 0-m과 동일 |
| :n- | n부터 마지막 직전까지의 인자 |
| :n* | n부터 마지막까지의 인자, n-$와 동일 |
| * | 모든 인자들, ^-$ 및 1-$와 동일 |

**히스토리 변경자**

명령 및 단어 치환을 수정하는 방법은 여러 가지가 있다. 다음 표에서
변경자의 출력, 치환, 쿼팅을 설명한다.

| 변경자 | 설명 |
|---|---|
| :p | 명령 표시, 그러나 실행은 하지 않음 |
| :s/old/new | 첫 인스턴스에 한해 old를 new 문자열로 치환 |
| :gs/old/new | 모든 인스턴스의 old를 new 문자열로 치환 |
| :as/old/new | :gs와 동일 |
| :Gs/old/new | :gs와 유사하지만 명령 라인 내의 모든 단어에 치환을 적용 |
| :& | 첫 인스턴스에 한해 이전 치환을 반복(:s 나 ^ 명령) |
| :g& | 모든 인스턴스에 이전 치환을 반복 |
| :q | 단어 리스트를 쿼팅 |
| :x | 개별 단어들을 쿼팅 |

생략 변경자는 다음 표와 같다.

| 변경자 | 설명 |
|---|---|
| :r | 처음으로 유효한 경로명 루트(root) 추출(마지막 마침표 앞부분) |
| :e | 처음으로 유효한 경로명 확장명 추출(마지막 마침표 뒷부분) |
| :h | 처음으로 유효한 경로명 헤더 추출(마지막 슬래시 앞부분) |
| :t | 처음으로 유효한 경로명 끝을 추출(마지막 슬래시 뒷부분) |

## 프로그램 가능한 완성 기능

배시와 *readline* 라이브러리는 완성 기능을 제공하는데, 명령 일부를
타이핑하고 탭 키를 치면 배시가 명령이나 파일명의 나머지 부분 혹은

모든 부분을 채워준다. 셸 프로그래머는 프로그램 가능한 완성 기능을 통해 특정 부분만 입력된 단어에 대해 배시가 완성 가능한 리스트를 보여줄 수 있도록 코딩할 수 있다. 이는 여러 기능의 조합을 통해 이루어진다.

- complete 명령으로 개별 명령에 *compspec*으로도 불리는 완성 명세 (completion specification)를 제공할 수 있는데, 다양한 옵션을 통해 특정 명령에서 가능성 있는 완성 사항들의 리스트를 어떻게 맞추어 나갈지를 정한다. 이것은 간단하지만 다양한 요구를 충족시킬 수 있다(81쪽의 complete 참고)
- 유연성을 위해 complete -F *funcname command*를 사용할 수 있다. 이것은 배시가 *command* 명령을 위한 완성 리스트 제공을 위해 *funcname* 함수를 호출하도록 한다. 사용자는 *funcname* 함수를 작성한다.
- -F 함수에 대한 코드 내에서, COMP* 셸 변수들은 현재 명령 라인의 정보를 제공한다. COMPREPLY는 함수가 완성 결과의 마지막 리스트를 두는 배열이다.
- 또한 -F 함수에 대한 코드 내에서 'a로 시작하는 사용자명' 혹은 '모든 설정 변수들' 같은 결과의 리스트를 생성하기 위해 compgen 명령을 사용할 수 있다. 이것의 의도는 다음처럼 그 결과를 배열 대입과 함께 사용한다는 것이다.

```
...
COMPREPLY=( $( compgen options arguments ) )
...
```

compspec은 명령에 대한 전체 경로명이나 (더 일반적으로는) 간소한 명령 이름과 연관될 수 있다(/usr/bin/man 혹은 man). complete 완성은 명령에 제공된 옵션을 기반으로, 다음 순서로 시도된다.

1. 빈 입력 라인에서 완성이 시도되면 배시는 complete -E와 함께 주어진 compspec을 적용한다. 그렇지 않으면 다음 단계를 진행한다.

2. 배시는 먼저 명령을 식별한다. 경로명이 사용되면 배시는 전체 경로명을 위한 compspec이 존재하는지 찾는다. 그렇지 않으면 배시는 경로명의 마지막 요소에 명령 이름을 설정하고, 명령 이름에 대한 compspec을 찾는다.

3. compspec이 존재하면 배시는 그것을 사용한다. 존재하지 않으면 complete -D로 주어진 '기본' compspec을 사용한다. 만약 아무것도 존재하지 않으면 기본 내장 완성 기능으로 대체한다.

4. 배시는 가능한 매칭 리스트 생성을 위해 compspec이 표시한 작업을 수행한다. 이 리스트에는 가능한 완성 리스트를 위한 접두사가 되는 단어들만 들어있다. -d와 -f 옵션에서는 원치 않는 매칭을 걸러내기 위해 FIGNORE 변수를 사용한다.

5. 배시는 -G 옵션에서 지정된 대로 파일명을 생성한다. 결과 필터링을 위해서 GLOBIGNORE를 사용하지 않고 FIGNORE를 사용한다.

6. 배시는 -W에 제공된 인자 문자열을 처리한다. 문자열은 $IFS의 문자들을 사용하여 분할되며, 결과 리스트는 완성을 위한 후보들을 제공한다. 이것은 명령이 받아들이는 옵션들의 리스트를 제공하는 데 자주 사용된다.

7. 배시는 -F와 -C 옵션에서 설정한 대로 함수와 명령들을 실행한다. 33쪽의 "내장 셸 변수" 절에서 설명한 것처럼 배시는 두 옵션 모두에 COMP_LINE과 COMP_POINT를 설정한다. 셸 함수에서는 COMP_WORDS와 COMP_CWORD도 설정된다.

   함수와 명령 모두에서 $1은 인자들이 완성된 명령의 이름이고, $2는 완성된 단어이며, $3은 완성된 단어 앞의 단어이다. 배시는 명령이나 함수의 결과를 필터링하지 않는다.

a. -F로 명명된 함수들이 먼저 실행된다. 함수는 가능한 완성 리스트에 COMPREPLY 배열을 설정해야 한다. 배시는 그것으로부터 리스트를 가져온다.

b. 다음으로 -C로 제공된 명령들이 명령 치환과 같은 환경에서 실행된다. 명령은 가능한 완성 리스트를 라인당 한 개씩 출력해야 하며, 내장된 뉴라인은 백슬래시로 이스케이프돼야 한다.

8. 리스트가 한번 생성되면 배시는 -X 옵션에 따라 결과를 필터링한다. -X에 대한 인자는 제외할 파일을 지정하는 패턴이다. 패턴의 앞에 !을 붙이면 반대 의미가 되며, 패턴은 리스트에 유지돼야 하는 파일만을 지정한다. 이는 nocasematch 셸 옵션의 값을 따른다.

   패턴의 &는 완성된 단어의 텍스트로 대체된다. 문자 그대로의 &를 만들기 위해서는 \&를 사용한다.

9. 마지막으로, 배시는 -P 나 -S 옵션으로 제공된 모든 접두사나 접미사를 앞과 뒤에 추가한다.

10. 매칭이 일어나지 않은 경우에 -o dirnames가 사용됐다면 배시는 디렉터리 이름 완성을 시도한다.

11. -o plusdirs가 제공되었다면 배시는 이전에 생성된 리스트에 디렉터리 완성 결과를 더한다.

12. 일반적으로 compspec이 제공되면, 배시의 기본 완성 기능과 *readline* 라이브러리의 기본 파일명 완성은 시도되지 않는다. 그러나 예외의 경우가 있다.

a. compspec이 결과를 만들지 않고 -o bashdefault가 제공되면 배시는 기본 완성 기능을 시도한다.

b. 만약 compspec이나 -o bashdefault 옵션의 배시 기본 완성
이 모두 결과를 만들지 못한 상황에서, -o default가 제공되
면, readline 라이브러리를 가진 배시는 그것의 파일명 완성
기능을 시도한다.

compspec은 compopt 명령으로 수정될 수 있다. 완성 기능 실행 내의
명령 이름과 함께 사용되지 않으면 완성 기능 실행에 영향을 준다.

완성 핸들러로 사용된 셸 함수가 124를 반환하면, 배시는 처음부터
완성 프로세스를 재시도한다. 이것은 시작할 때 큰 완성 집합을 로딩
하는 대신 그것을 동적으로 구성하기 위해 기본 완성 핸들러(complete
-D)와 함께 사용할 때 가장 유용하다. *bash*(1) 매뉴얼 페이지는 프로그
램 가능한 완성 기능 절의 예시를 제공한다.

## 팁

이언 맥도널드(Ian Macdonald)는 유용한 compspec들을 많이 가지
고 있으며 이는 */etc/bash_completion* 파일로 자주 배포된다. 시스템에
이 파일이 없다면 시스템의 패키지 관리자로 설치할 수 있다. 이 방법
이 여의치 않다면 *http://bash-completion.alioth.debian.org*에서 내려받
을 수도 있다.

## 예시

다음은 C 컴파일러에 대한 파일을 C, C++, 어셈블러 소스 파일, 재배
치 가능한 객체 파일로 제한한다.

```
complete -f -X '!*.[Ccos]' gcc cc
```

다음은 man 명령에서 매뉴얼 페이지의 확장을 제한한다.

```
# 매뉴얼 페이지를 위한 프로그램 가능한 완성 기능의 간단한 예시다.
# 더 복잡한 예시는 bash_completion 파일에 있다.
# man[num] 명령은 명령 문법으로 가정한다.

shopt -s extglob    # 확장 패턴 매칭 활성화

# 완성 함수 정의
_man () {
    # 지역 변수
    local dir mandir=/usr/share/man

    # 응답 리스트 초기화
    COMPREPLY=( )

    # 절 번호 확인
    if [[ ${COMP_WORDS[1]} = +([0-9]) ]]
    then
        # 절이 제공됨: man 3 foo
        # 지정된 디렉터리 참고
        dir=$mandir/man${COMP_WORDS[COMP_CWORD-1]}
    else
        # 절이 없음 명령 사용
        # 명령 디렉터리 참고
        dir=$mandir/'man[18]'
    fi
    COMPREPLY=( $(
        # 원시 파일 리스트 생성
        find $dir -type f |

        # 선행 디렉터리 제거
        sed 's;..*/;;' |

            # 후행 접미사 제거
            sed 's/\.[0-9].*$//' |

                # 주어진 접두사 매칭 유지
                grep "^${COMP_WORDS[$COMP_CWORD]}" |

                    # 마지막 리스트 정렬
                    sort
    ) )
}

# 함수를 명령과 결합
complete -F _man man
```

## 작업 제어

작업 제어는 포그라운드 작업을 백그라운드 작업으로 전환할 수 있게 하며, 백그라운드 작업을 다시 포그라운드로 전환하거나 실행 중인 작업을 일시 정지할 수 있게 한다. 맥 OS X, GNU/리눅스, BSD 시스템을 포함하는 모든 현대적인 유닉스 시스템은 이를 지원하며, 작업 제어 기능은 자동으로 활성화된다. 많은 작업 제어 명령들이 *jobID*를 인자로 받으며, 이는 다음과 같이 지정될 수 있다.

| | |
|---|---|
| %*n* | 작업 번호 *n* |
| %*s* | 명령 라인이 문자열 *s*로 시작하는 작업 |
| %?*s* | 명령 라인이 문자열 *s*를 포함하는 작업 |
| %% | 현재 작업 |
| %+ | 현재 작업(%%과 동일) |
| % | 현재 작업(%%과 동일) |
| %- | 이전 작업 |

셸은 다음 작업 제어 명령을 제공한다(이 명령에 대한 더 많은 정보는 71쪽의 "내장 명령" 절을 참고하자).

bg      현재 작업을 백그라운드로 전환한다.

fg      현재 작업을 포그라운드로 전환한다.

jobs
  활성 작업 목록을 본다.

kill
  작업을 종료시킨다.

stty tostop
  백그라운드 작업이 터미널 에뮬레이터에 출력을 보내려고 시도하면 그 백그라운드 작업을 멈춘다(stty는 내장 명령이 아니다).

**suspend**

작업 제어 셸을 일시 정지한다(su로 생성한 것처럼).

**wait**

백그라운드 작업을 마치기 위해 대기한다.

**CTRL-Z**

포그라운드 작업을 일시 정지하고 **bg** 혹은 **fg**를 사용한다(터미널 에뮬레이터는 일시 정지 문자로 **CTRL-Z** 외에 다른 것을 사용할 수 도 있지만, 그렇게 하는 것은 추천하지 않는다).

## 셸 옵션

배시는 다수의 셸 옵션을 제공하며, 옵션을 설정하면 셸의 동작을 변경할 수 있다. 이 옵션들은 shopt 명령으로 제어할 수 있다(121쪽의 shopt 참고).

compat*NN* 옵션들은 모두가 상호 배타적이다. 호환성 레벨은 최소 레벨을 나타낸다. 예를 들어 compat40이면 4.0 이후에 변경된 호환성 설정에 영향을 받은 셸의 기능들은 배시 4.0처럼 동작한다. BASH_COMPAT 을 사용하는 것이 우선순위가 높다.

다음 설명은 설정 시의 동작을 묘사한다. 칼표(+)로 표시된 옵션은 기본적으로 활성화된다.

**autocd**

간단한 명령의 첫 단어가 실행될 수 없으면 그 명령에 cd를 시도한 다. 만약 cd로 명명된 함수가 있으면 배시는 내장 cd를 호출하는 대신 cd로 명명된 함수를 실행할 것이다.

cdable_vars

cd로 전달되는 비 디렉터리 인자를 그 값이 이동해야 할 디렉터리인 변수로 취급한다.

cdspell

cd로 전달되는 인자의 각 디렉터리 요소들에 대한 철자 수정을 시도한다. 대화식 셸에서만 허용된다.

checkhash

명령 사용 시도 전에 그 명령이 아직 해시 테이블에 존재하는지를 확인한다. 존재하지 않으면 일반적인 PATH 검색을 수행한다.

checkjobs

셸을 종료하려는 시도가 있을 때, 멈췄거나 실행 중인 백그라운드 작업이 있으면 셸은 There are running jobs.와 작업의 리스트 및 그 상태를 출력한다. (EOF를 다시 타이핑하는 것과 같은) 두 번째 종료 시도에 셸을 종료시킨다.

checkwinsize

각각의 명령 다음에 창 크기를 확인하며, 크기가 변경됐다면 LINES와 COLUMNS를 업데이트한다. 이는 대화식 셸과 비대화식 셸 모두에서 동작한다.

cmdhist †

다중 라인 명령의 모든 라인들을 하나의 히스토리 엔트리에 저장한다. 이는 다중 라인 명령을 쉽게 재편집할 기회를 제공한다.

compat31

항상 오른쪽을 매칭될 정규식으로 취급하는 [[ ]] 명령에 대한 =~

연산자의 동작을 복원한다. 또한, < 와 > 연산자는 문자열 비교 시 로캘을 무시한다.

### compat32

문자열 비교 시 [[ ]] 명령의 < 와 > 연산자가 로캘을 무시하도록 한다. 또한 cmd1; cmd2; cmd3처럼 명령 리스트 중간에 있는 명령을 중지하는 것은 전체 리스트의 실행을 중단시키지 않는다.

### compat40

문자열 비교 시 [[ ]] 명령의 < 와 > 연산자가 로캘을 무시하도록 한다.

### compat41

POSIX 모드에서 큰따옴표로 쿼팅된 파라미터 확장 내의 작은따옴 표를 쿼팅 문자로 취급한다. 반드시 짝수의 작은따옴표가 있어야 하며, 그러면 그 내용은 쿼팅된 것으로 취급된다.

### compat42

따옴표 제거를 사용하는 패턴 치환 단어 확장 내의 대체 문자열을 처리하지 않는다.

### compat43

declare로 전달하는 인자에 쿼팅된 복합 대입이 사용됐어도 경고 메시지를 출력하지 않는다. 명령 실패를 유도하는 단어 확장 에러 를 치명적이지 않은(nonfatal) 것으로 취급한다. 함수 내의 루프 상태를 리셋하지 않으며, 함수 호출자의 루프들에 영향을 주기 위 해 함수의 break와 continue를 동작한다.

## complete_fullquote †

파일명 완성 기능을 수행할 때 선행하는 백슬래시로 모든 셸 메타 문자들을 쿼팅한다. 비활성화된 경우에는 셸 변수 확장이 기대한 대로 발생하도록 달러 기호들(및 가능한 다른 문자들)은 쿼팅되지 않는다.

## direxpand

파일명 완성 기능을 수행할 때 디렉터리명을 단어 확장 결과로 대체하며, *readline* 편집 버퍼를 수정한다.

## dirspell

단어 완성 동안 주어진 이름이 존재하지 않으면 디렉터리명의 철자 수정을 시도한다.

## dotglob

마침표로 시작하는 파일명을 파일명 확장의 결과에 포함한다.

## execfail

exec에 주어진 명령이 실행될 수 없으면 비대화식 셸을 종료하지 않는다. 대화식 셸은 이 옵션의 설정 여부와 관계없이 종료하지 않는다.

## expand_aliases †

alias로 생성된 별칭들을 확장한다. 비대화식 셸에서는 비활성화된다.

다음과 같이 디버거를 위해 필요한 동작을 활성화한다.

## extdebug

- declare -F는 각 함수명 인자에 소스 파일명과 라인 번호를 표시한다.

- DEBUG 트랩 실패로 명령이 실행될 때 다음 명령은 생략된다.
- 셸 함수나 .(닷)으로 소싱된 스크립트, 종료 상태 2가 반환되는 source 내부의 DEBUG 트랩 실패로 명령이 실행될 때 셸은 return 에 대한 호출을 시뮬레이션한다.
- BASH_ARGC와 BASH_ARGV는 이전에 설명한 대로 설정된다.
- 함수 추적이 활성화된다. (...)을 통해 호출된 명령 치환, 셸 함수, 하위 셸은 DEBUG와 RETURN 트랩을 상속한다.
- 에러 추적이 활성화된다. (...)을 통해 호출된 명령 치환, 셸 함수, 하위 셸은 ERR 트랩을 상속한다.

extglob

+(...) 같은 확장 패턴 매칭 기능을 활성화한다. POSIX 모드에서는 자동으로 활성화된다(원래 본 셸에는 없기 때문에 만약 배시에서 이 기능을 사용하려면 직접 활성화해야 한다).

extquote †

큰따옴표 내의 ${변수} 확장 내부에 $'...'와 $"..."를 허용한다.

failglob

파일명과 매칭되지 않는 패턴에 대해 에러를 생성하도록 한다.

force_fignore †

완성 기능 동작 시에 FIGNORE 내의 접미사 리스트에 매칭되는 단어들을 무시한다(그것이 유일하게 완성 가능한 단어라도 무시한다).

globasciiranges

현재 로캘의 병합 순서를 무시하는 "C" 로캘처럼 패턴 매칭 대괄호 표현식에 사용되는 범위를 확장한다. 이는 배시 5.0에서 기본적으로 활성화된다.

globstar

특수 ** 패턴으로 확장 디렉터리와 하위 디렉터리 매칭을 활성화한다.

gnu_errfmt

표준 GNU 포맷의 에러 메시지를 출력한다. 배시가 이맥스 터미널 창에서 실행될 때 자동으로 활성화된다.

histappend

파일을 덮어쓰는 대신 종료 시 $HISTFILE로 명명한 파일에 히스토리 리스트를 추가한다.

histreedit

사용자가 *readline* 라이브러리를 통해 실패한 csh 스타일 히스토리 치환을 재편집할 수 있도록 허용한다.

histverify

직접 실행하는 대신 csh 스타일 히스토리 치환 결과를 *readline* 라이브러리의 편집 버퍼에 두며, 이 경우 사용자가 추가적으로 수정할 수 있다.

hostcomplete †

*readline* 사용 시 @을 포함하는 단어가 완성될 때 호스트명 완성을 시도한다.

huponexit

대화식 로그인 셸 종료 시 실행 중인 모든 작업에 SIGHUP을 보낸다.

inherit_errexit

명령 치환이 set -e의 값을 상속하도록 한다. POSIX 모드에서 자동으로 활성화된다.

## interactive_comments †

대화식 셸에서 주석을 위한 #로 시작하는 단어를 허용한다.

## lastpipe

작업 제어를 하지 않는 셸에서 현재 셸 환경 내 포그라운드 파이프 라인의 마지막 명령을 실행한다. 마지막을 제외한 모든 명령들은 하위 셸에서 실행된다.

## lithist

cmdhist가 설정되면 세미콜론 대신 뉴라인을 사용하여 다중 라인 명령을 히스토리 파일에 저장한다.

## login_shell

로그인 셸일 때 셸에 의해 설정된다. 이는 읽기 전용 옵션이다.

## mailwarn

배시가 마지막으로 확인한 이후에 메일에 파일이 새로 확인되면 The mail in *mailfile* has been read 메시지를 출력한다.

## no_empty_cmd_completion

readline을 사용할 때 완성 기능이 빈 라인에서 시도되거나 라인이 공백으로만 구성되었다면 $PATH를 검색하지 않는다.

## nocaseglob

파일명 매칭 시 대소문자를 무시한다.

## nocasematch

case와 [[ ]]에 패턴을 매칭할 때 대소문자를 무시한다.

nullglob

인자로 리터럴 패턴을 사용하는 대신 어떠한 파일도 매칭되지 않
는 패턴을 널 문자열로 확장한다.

progcomp †

프로그램 가능한 완성 기능을 활성화한다.

promptvars †

PS0, PS1, PS2, PS4의 값에 대한 변수, 명령, 산술 치환을 수행
한다.

restricted_shell

제한될 셸일 때 셸에 의해 설정된다. 이는 읽기 전용 옵션이다.

shift_verbose

시프트 카운트가 위치 파라미터 개수보다 크면 shift가 에러 메시
지를 출력하도록 한다.

sourcepath †

읽고 실행할 파일을 찾기 위해 .(닷)과 소스 명령이 $PATH를 검색
하도록 한다.

xpg_echo

-e나 -E 옵션 없이도 echo가 이스케이프 시퀀스를 확장하도록
한다.

## 명령 실행

명령을 타이핑할 때, 배시는 매칭되는 것을 찾을 때까지 다음을 (순서
대로) 확인한다.

1. if나 for 같은 키워드.
2. 별칭. POSIX 모드에서는 이름이 셸 키워드인 별칭을 정의할 수 없지만, 키워드를 확장하는 별칭은 정의할 수 있다(예: alias aslongas=while). POSIX 모드가 아니면 배시는 셸 키워드에 대한 별칭을 정의하도록 허용하지 않는다.
일반적으로 별칭 확장은 대화식 셸에서만 활성화된다. POSIX 모드 셸은 항상 활성화한다.
3. POSIX 셸 한정: break나 continue 같은 특수 내장 명령이다. POSIX 특수 내장 명령들의 리스트는 다음과 같다. .(닷), :, break, continue, eval, exec, exit, export, readonly, return, set, shift, times, trap, unset. 배시엔 source도 추가된다. POSIX 특수 내장 명령에서의 에러는 비대화식 셸을 종료시킨다.
4. 함수. POSIX 모드가 아닌 경우 배시는 모든 내장 명령에 앞서 함수를 찾는다.
5. cd나 test같이 특수 내장 명령이 아닌 것.
6. 스크립트나 실행 가능한 프로그램. 셸은 이를 위해 PATH 환경 변수에 있는 디렉터리를 검색한다. POSIX 모드에서 $PATH 요소 내의 물결표(tilde, ~)는 확장되지 않는다. 해시 테이블 내의 명령이 더는 존재하지 않으면 배시는 $PATH를 재검색한다.
7. 명령을 찾을 수 없을 때 command_not_found_handle로 명명된 함수가 존재하면 셸은 그것을 호출하고, 명령을 함수의 인자로 전달한다.

'특수한' 내장 명령들과 특수하지 않은 명령들의 구별(distinction)은 POSIX가 한다. command 명령으로 연결된 이 구별은 cd 같은 셸 내장 명령들을 오버라이딩하는 함수를 작성할 수 있도록 한다. 예를 들면 다음과 같다.

```
# 셸 함수, 내장된 cd 전에 찾음
cd () {
    command cd "$@"      디렉터리 변경을 위해 실제 cd 사용
    echo now in $PWD     수행하길 원하는 다른 기능
}
```

배시가 SIGHUP을 받아 종료되거나 huponexit 셸 옵션이 설정됐다면,
배시는 실행 중인 모든 자식 작업에 SIGHUP을 보낸다. 배시가 특정 작
업에 SIGHUP을 보내는 것을 막으려면 disown -h을 사용한다.

## 코프로세스

코프로세스(coprocess)는 셸과 병렬로 실행되는 프로세스이며, 셸과
통신할 수 있다. 셸은 프로세스를 백그라운드로 시작시키고 그것의 표
준 입력과 출력에 양방향 파이프를 연결한다(코프로세스의 표준 에러
는 리디렉션되지 않는다).

코프로세스를 실행시키기 위한 문법은 다음 두 가지다.

```
coproc name non-simple command    명명된 코프로세스 시작
coproc command args               명명되지 않은 코프로세스 시작
```

셸은 코프로세스와의 통신을 위한 파일 서술자를 유지하기 위해 *name*
으로 명명된 배열 변수를 생성한다. *name*[0]은 (제어 셸의 입력에 연결
된) 코프로세스의 출력이고, *name*[1]은 (셸의 출력에 연결된) 코프로
세스의 입력이다. 또한, *name_PID* 변수는 코프로세스의 프로세스 ID
를 저장한다. *name*이 주어지지 않으면 셸은 COPROC를 사용한다.

 한 번에 하나의 코프로세스만 활성화된다.

— Bash

## 예시

다음 예시는 coproc 키워드와 연관된 변수의 기본적인 용법을 나타
낸다.

```
# 백그라운드에서 명명된 코프로세스를 시작
$ coproc testproc (echo 1
> read aline ; echo $aline)
[1] 5090

# 파일 서술자 확인
$ echo ${testproc[@]}
63 60

# 코프로세스 PID 확인
$ echo $testproc_PID
5090

# 코프로세스 출력의 첫 라인을 읽고, 그것을 표출
$ read out <&${testproc[0]}
$ echo $out
1

# 코프로세스의 입력에 전달
$ echo foo >&${testproc[1]}

# 두 번째 출력 라인 읽기
$ read out2 <&${testproc[0]}
[1]+ Done coproc testproc (echo 1; read aline; echo
$aline)

# 두 번째 출력 라인 표출
$ echo $out2
foo
```

## 제한된 셸

제한된 셸은 디렉터리 변경이나 PATH 설정, / 문자를 포함하는 명령을
실행하는 것과 같은 특정 작업을 허용하지 않는 셸이다.

원형 V7 본 셸은 문서화되지 않은 제한 모드가 있다. 그 이후의 본

셸은 코드를 투명화하고 기능을 문서화했다. 배시 또한 제한 모드를 제공한다(자세한 사항은 매뉴얼 페이지를 참고하자).

제한된 셸이 스크립트를 실행하기 위해 제한되지 않은 버전의 셸을 호출할 경우 셸 스크립트는 여전히 실행될 수 있다. 이는 */etc/profile*, *~/.profile*과 다른 시작 파일들을 포함한다.

## 팁

제한된 셸은 정확히 설정하기 어렵기 때문에 실제로는 그렇게 많이 사용되지 않는다.

## 내장 명령

명령 라인으로 입력돼야 하는 예시는 $ 프롬프트와 함께 나타난다. 그렇지 않은 경우, 예시는 셸 스크립트에 포함되는 코드 부분을 의미한다. 편의를 위해 다중 라인 명령에서 사용하는 예약어도 포함된다.

거의 모든 내장 명령들이 --help 옵션을 인지하며, 그것에 대한 응답으로 간략한 용법을 출력한다.

---

**!**                          **뒤쪽 파이프라인의 의미를 반대로 만든다.**

  ! *pipeline*

파이프라인의 의미를 부정한다. 파이프라인이 0이 아닌 값으로 종료되면 종료 상태로 0을 반환하고, 파이프라인이 0으로 종료되면 종료 상태로 1을 반환한다. 대개 if와 while 문에서 사용된다.

### 예시

이 코드는 사용자 jane이 로그온 상태가 아닌 경우에 메시지를 출력한다.

```
if ! who | grep jane > /dev/null
then
    echo jane is not currently logged on
fi
```

---

| # | 라인의 끝까지 적용되는 주석을 시작한다. |
|---|---|

> # text ...

동일 라인의 뒤쪽 텍스트를 모두 무시한다. #는 셸 스크립트에서 명령
이 아닌 주석 문자로 사용된다.

---

| #!shell | 스크립트 실행을 위해 명명된 인터프리터를 호출한다. |
|---|---|

> #!shell [option]

명명된 셸을 호출하기 위해 스크립트의 첫 라인으로 사용된다. 라인의
나머지에 주어진 모든 것은 단일 인자로써 명명된 셸에 전달된다. 예
를 들면 다음과 같다.

```
#!/bin/sh
```

**팁**

이 기능은 일반적으로 커널에 의해 구현되지만, 아주 오래된 일부 시
스템에서는 지원되지 않을 수 있다. 일부 시스템은 셸의 최대 길이를
32자 정도로 제한한다.

---

| : | 아무것도 하지 않는 명령이며, 문법적 플레이스홀더로 사용된다. |
|---|---|

> : [arguments]

널 명령이다. 종료 상태로 0을 반환한다. 이어지는 예제와 78쪽의
case 예제를 참고하자. 라인은 변수 및 명령 치환이나 I/O 리디렉션
등을 여전히 처리한다.

## 예시

누군가 로그인했는지 확인한다.

```
if who | grep $1 > /dev/null
then :        # 사용자를 찾으면 아무것도 하지 않음
else echo "User $1 is not logged in"
fi
```

---

**.**　　　　　　　　　　　　　　　　　　　**현재 셸 내의 파일을 읽고 실행한다.**

. file [arguments]

*file* 내의 라인들을 읽고 실행한다. *file*은 반드시 실행 가능할 필요는 없지만 $PATH에 의해 검색되는 디렉터리 내에 있어야만 한다. sourcepath 옵션이 비활성화되면 배시는 $PATH를 검색하지 않는다. 인자들은 위치 파라미터에 저장된다. $PATH에서 *file*을 찾지 못하면, 배시는 현재 디렉터리에서 *file*을 찾는다(POSIX 셸은 그렇게 동작하지 않으니 주의하자). 배시는 *file*의 내용을 파싱하기 전에 거기 있는 0(ASCII NUL) 바이트들을 먼저 제거한다. command가 앞에 붙지 않은 경우, 비대화식 POSIX 모드 셸은 *file*을 찾지 못하면 종료된다. 122쪽의 source를 참고하도록 하자.

−T 옵션이 설정되면 DEBUG에 대한 트랩이 상속되며, *file*에 의한 모든 DEBUG 트랩 변경 사항은 호출 셸로 반환될 때 남게 된다. −T가 설정되지 않았다면 DEBUG 트랩은 *file* 호출 시 저장 및 복원되며, DEBUG 트랩은 *file* 실행 중에 비활성화된다.

---

**[[ ]]**　　　　　　　　　　　　　　　　　　**test 명령의 확장 버전이다.**

[[ *expression* ]]

[[ ]]가 연산자 추가를 허용한다는 점을 제외하면 test expression이

나 [ expression ]과 같다. 단어 분할이나 파일명 확장은 비활성화된다. 대괄호([ ])는 문자 그대로 타이핑되며, 양옆은 공백으로 둘러싸야 한다. 123쪽의 test를 참고하도록 하자.

**기타 연산자**

&&  테스트식의 논리 AND(단락 연산).

||  테스트식의 논리 OR(단락 연산).

<  로캘의 정렬 순서에 따라 첫 번째 문자열이 두 번째 문자열보다 어휘적으로 '작다'(그렇지만, 60쪽 "셸 옵션" 절의 compat31, compat32, compat40을 참고하도록 하자).

>  로캘의 정렬 순서에 따라 첫 번째 문자열이 두 번째 문자열보다 어휘적으로 '크다'(그렇지만, 60쪽 "셸 옵션" 절의 compat31, compat32, compat40을 참고하도록 하자).

---

**name ()**　　　　　　　　　　　　　　　　**셸 함수를 정의한다.**

　　*name* () { *commands;* } {*redirections*}

POSIX 문법으로, *name*을 함수로 정의한다. 함수 정의는 한 라인에 쓸 수도 있고 여러 라인으로 쓸 수도 있다. function 키워드를 제공할 수도 있는데, 이는 비슷하게 동작하는 대안이다. 25쪽의 "함수" 절을 참고하도록 하자.

**예시**

```
$ countfiles () {
>     ls | wc -l
> }
```

명령 라인에서 실행되면 countfiles는 현재 디렉터리 내의 파일 개수를 표시한다.

## alias                                          **셸 별칭을 정의하고 관리한다.**

```
alias [-p] [name[='cmd']]
```

*cmd*와 동의어로 약칭 *name*을 대입한다. 만약 =`cmd`가 생략되면 *name*
에 대한 별칭을 출력한다. *name*도 생략되면 모든 별칭을 출력한다. 만
약 별칭 값에 스페이스가 뒤따르면, 명령 라인의 다음 단어도 별칭 확
장에 대한 후보가 된다. BASH_ALIASES 배열은 정의된 모든 별칭에 대
한 프로그램적인 접근을 제공한다. 33쪽의 "내장 셸 변수" 절과 132쪽
의 unalias를 참고하도록 하자.

### 팁

일반적으로 함수는 지역 변수를 사용할 수 있고 완전히 프로그램 가능
하기 때문에 별칭보다 선호된다.

### 옵션

-p       각각 별칭 앞에 alias 단어를 출력한다.

### 예시

```
alias dir='echo ${PWD##*/}'
```

## bg                                          **중지된 작업을 백그라운드로 옮긴다.**

```
bg [jobIDs]
```

현재 작업이나 *jobIDs*를 백그라운드로 놓는다. 59쪽의 "작업 제어" 절
을 참고하도록 하자.

## bind                             **readline 라이브러리에 대한 키 바인딩을 관리한다.**

```
bind [-m map] [options]
bind [-m map] [-q function] [-r sequence]
          [-u function]
```

```
bind [-m map] -f file
bind [-m map] -x sequence:command
bind [-m map] sequence:function
bind readline-command
```

*readline* 라이브러리를 관리한다. 비 옵션 인자들은 *.inputrc* 파일에서
와 같은 형식이다.

## 옵션

**-f** *file*

　　*file*에서 키 바인딩을 읽는다.

**-l**　　모든 *readline* 함수들의 이름 목록을 표시한다.

**-m** *map*

　　키맵으로 *map*을 사용한다. 사용할 수 있는 키맵은 emacs,
　　emacs-ctlx, emacs-standard, emacs-meta, vi, vi-command,
　　vi-insert, vi-move이다. vi는 vi-command와 같고, emacs는
　　emacs-standard와 같다.

**-p**　　*.inputrc* 파일에서 다시 읽을 수 있는 현재 *readline* 바인딩들
　　을 출력한다.

**-P**　　현재 *readline* 바인딩들을 출력한다.

**-q** *function*

　　*readline* 함수 *function*을 호출하는 키들을 쿼리한다.

**-r** *sequence*

　　키 시퀀스 *sequence*에 대한 바인딩을 제거한다.

**-s**　　*.inputrc* 파일로부터 다시 읽을 수 있는 현재 *readline* 키 시퀀
　　스와 매크로 바인딩을 출력한다.

**-S**　　현재 *readline* 키 시퀀스와 매크로 바인딩을 출력한다.

-u *function*

> *readline* 함수 *function*을 호출하는 모든 키들을 언바인딩한다.

-v       *.inputrc* 파일로부터 다시 읽을 수 있는 현재 *readline* 변수들
         을 출력한다.

-V       현재 *readline* 변수들을 출력한다.

-x *sequence:command*

> *sequence*가 입력되면 셸 명령 *command*를 실행한다. *command*
> 는 READLINE_LINE 및 READLINE_POINT 변수를 사용하거나 수
> 정할 수 있다. 이 변수들을 변경하면 편집 상태에 반영된다.

-X       *.inputrc* 파일로부터 다시 읽을 수 있는, -x에 바운딩된 현재
         *readline* 키 시퀀스를 출력한다.

---

**break**                        **하나 이상의 루프로부터 빠져나간다.**

   break [*n*]

for, while, select, until 루프로부터 빠져나간다(혹은 *n* 중첩 루프를
벗어난다).

---

**builtin**                  **함수 실행을 생략하고 내장 명령을 실행한다.**

   builtin *command* [*arguments* ...]

제공된 인자와 함께 *command* 셸 내장 명령을 실행한다. 이것은 내장
명령의 이름을 재정의하는 모든 함수 실행을 생략할 수 있도록 한다.
command 명령이 더 이식성이 있다.

## 예시

이 함수는 디렉터리 변경 시 특정 작업을 수행하도록 한다.

```
cd () {
    builtin cd "$@"      # 실제 디렉터리 변경
    pwd                  # 위치 보고
}
```

---

**caller**          **배시 디버거 사용을 위해 함수나 닷파일(dot-file) 호출자를 출력한다.**

    caller [*expression*]

현재 함수 호출이나 닷파일의 라인 번호와 소스 파일명을 출력한다.
*expression*이 있으면 호출 스택에서 그 요소를 출력한다. 가장 최근의
것은 0이다. 이 명령은 배시 디버거에 의해 사용된다.

---

**case**                                                       **case 문을 위한 문법이다.**

    case *value* in
    [(]*pattern1*) *cmds1*;;      # ;& 혹은 ;;& -- 본문 참고
    [(]*pattern2*) *cmds2*;;
        . . .
    esac

*value*가 *pattern1*과 매칭되면 명령의 첫 번째 세트(*cmds1*)를 실행하고,
*value*가 *pattern2*와 매칭되면 명령의 두 번째 세트(*cmds2*)를 실행하는
식으로 계속 진행한다. 각 세트의 마지막 명령은 ;;로 끝난다. *value*는
일반적으로 위치 파라미터이거나 다른 셸 변수이며, *cmds*는 일반적으
로 실행 가능한 명령, 셸 프로그래밍 명령, 혹은 변수 대입이다. 패턴
은 파일 생성 메타문자를 사용할 수 있다. ('|'으로 구분된) 다중 패턴
들은 같은 라인에 지정될 수 있으며, 이 경우 *value*가 이 패턴들 중 어
떠한 것이라도 매칭되면 연관된 *cmds*가 실행된다. 여기 있는 예시와
91쪽의 eval 예시를 참고하도록 하자.

　셸은 (*pattern*)처럼 괄호로 둘러싸인 pattern을 허용한다. 일부
셸 버전에서는 $( ) 구문 내에서 괄호를 맞추기 위해 필요하지만, 배

시 4.0과 그 이후 버전에서는 필요하지 않다. 60쪽 "셸 옵션" 절의
nocasematch 옵션도 참고하도록 하자.

배시는 case 문에서 *cmds*에 다음과 같이 두 개의 추가적인 특수 종
료자를 제공한다. ;&는 *cmds*의 다음 세트를 계속 실행하게 하며, ;;&는
다음 *pattern* 리스트를 테스트하도록 한다.

### 예시

다음은 첫 명령 라인 인자를 확인하고 적절한 작업을 취한다.

```
case $1 in      # 첫 인자에 매칭
no|yes) response=1;;
-[tT])  table=TRUE;;
*)      echo "unknown option"; exit 1;;
esac
```

사용자가 종료할 때까지 사용자가 제공한 라인을 읽는다.

```
while true
do    printf "Type . to finish ==> "
      read line
      case "$line" in
      .) echo "Message done"
         break ;;
      *) echo "$line" >> $message ;;
      esac
done
```

---

**cd**                                               **디렉터리를 변경한다.**

```
cd [-L] [-P [-e]] [-@] [dir]
cd [-L] [-P [-e]] [-@] [-]
```

인자가 없으면 사용자의 홈 디렉터리로 변경한다. 인자가 주어졌다면
작업 디렉터리를 *dir*로 변경한다. 배시는 먼저 $CDPATH에 주어진 디렉
터리들을 검색한 다음 *dir*을 찾기 위해 현재 디렉터리를 검색한다. dir

은 상대 경로명인데 현재 디렉터리에 없으면 $CDPATH도 검색한다. -
디렉터리는 이전 디렉터리를 의미한다. 이 명령은 PWD가 읽기 전용이
면 실패 상태로 종료된다.

**옵션**

-e      -P와 함께, 현재 디렉터리를 결정할 수 없으면 실패 값과 함
        께 종료된다.

-L      cd .. 및 PWD 값에 대해 (사용자가 타이핑하고, 모든 심볼
        릭 링크를 포함하는) 논리 경로를 사용한다. 이것이 기본값
        이다.

-P      cd ..와 PWD 값에 대해 파일 시스템 실제 경로를 사용한다.

-@      시스템 지원 확장 속성에서, 확장 속성이 있는 파일을 파일의
        속성을 포함한 디렉터리로 취급한다.

**예시**

```
$ ls -ld /var/run              /var/run은 심볼릭 링크
lrwxrwxrwx 1 root root 4 May  7 19:41 /var/run -> /run
$ cd -L /var/run               논리 디렉터리 변경
$ pwd                          위치 확인
/var/run                       논리 위치 결과
$ cd -P /var/run               실제 디렉터리 변경
$ pwd                          위치 확인
/run                           실제 위치 결과
```

---

**command**                    **내장 명령을 실행하거나 정보를 출력한다.**

    command [-pvV] name [arg ...]

-v나 -V가 없으면 주어진 인자로 *name*을 실행한다. 이 명령은 *name*에
대해 정의된 모든 별칭이나 함수를 생략한다. 특별한 내장(built-in)
명령과 함께 사용되면 내장 명령이 실패했을 때 스크립트가 종료되는
것을 방지한다. POSIX 모드에서는 command가 앞에 붙더라도, alias,

declare, export, local, readonly, typeset 명령에 인자로 주어진 대입
들은 여전히 유효하다.

## 옵션

-p      PATH의 현재 값이 아닌, 미리 정의된 기본 검색 경로를 사용
한다.

-v      셸이 *name*을 이해하는 방법에 대한 설명을 출력한다.

-V      셸이 *name*을 이해하는 방법에 대한 설명을 더 자세하게 출력
한다.

## 예시

시스템의 버전을 얻은 다음 -i 옵션으로 그것을 실행하는 rm의 별칭을
생성한다.

```
$ alias 'rm=command -p rm -i'
```

---

**compgen**                               **가능한 완성을 생성한다.**

```
compgen [options] [string]
```

*options*를 따라 *string*에 가능한 완성을 생성한다. *options*는 complete
에 적용되는 옵션들인데, -p와 -r은 제외된다. 더 많은 정보는 81쪽의
complete를 참고하자.

---

**complete**                             **특정 명령의 완성 방법을 지정한다.**

```
complete [-DE] [options] command ...
```

각 *command*의 인자를 완성하는 방법을 지정한다. 이 내용은 53쪽의
"프로그램 가능한 완성 기능" 절에서 다뤘다.

## 옵션

-a      -A alias와 동일하다.

-A *type*

가능한 완성의 리스트를 지정하기 위해 *type*을 사용한다. *type*
은 다음 중 한 가지일 수 있다.

| | |
|---|---|
| alias | 별칭 이름 |
| arrayvar | 배열 변수 이름 |
| binding | *readline* 라이브러리로부터의 바인딩 |
| builtin | 셸 내장 명령 이름 |
| command | 명령 이름 |
| directory | 디렉터리 이름 |
| disabled | 비활성화된 셸 내장 명령들의 이름 |
| enabled | 활성화된 셸 내장 명령들의 이름 |
| export | 익스포트된 변수 |
| file | 파일명 |
| function | 셸 함수의 이름 |
| group | 그룹 이름 |
| helptopic | help 내장 명령에 의해 허용되는 도움말 주제 |
| hostname | $HOSTFILE로 명명된 파일에서 찾을 수 있는 호스트명 |
| job | 작업 이름 |
| keyword | 셸 예약 키워드 |
| running | 실행 중인 작업들의 이름 |
| service | (/etc/services의) 서비스 이름 |
| setopt | set -o에 유효한 인자들 |
| shopt | shopt 내장 명령에 유효한 옵션 이름들 |
| signal | 시그널 이름 |
| stopped | 중지된 작업들의 이름 |
| user | 사용자명 |

```
variable    셸 변수명
```

-b       -A builtin과 동일하다.

-c       -A command와 동일하다.

-C *command*

하위 셸에서 *command*를 실행하고 그것의 출력을 완성 리스트로 사용한다.

-d       -A directory와 동일하다.

-D       다른 compspec을 찾을 수 없을 때 나머지 옵션과 파라미터를 '기본' 완성으로 적용한다.

-e       -A export와 동일하다.

-E       빈 입력 라인에서 완성 기능이 시도될 때 나머지 옵션과 파라미터를 '기본' 완성으로 적용한다.

-f       -A file과 동일하다.

-F *function*

현재 셸에서 *function* 셸 함수를 실행한다. 반환되는 즉시 COMPREPLY 배열에서 완성 리스트를 가져온다.

-g       -A group과 동일하다.

-G *pattern*

완성을 생성하기 위해 *pattern*을 확장한다.

-j       -A job과 동일하다.

-k       -A keyword와 동일하다.

-o *option*

완성 명세의 동작을 제어한다. *option*은 다음 중 하나다.

bashdefault    매칭이 발생하지 않으면 일반적인 배시 완성 기능으로 대체한다.

|          |                                                                                                    |
|----------|----------------------------------------------------------------------------------------------------|
| default  | 매칭이 발생하지 않으면 기본 *readline* 완성 기능을 사용한다.                                       |
| dirnames | 매칭이 발생하지 않으면 디렉터리명 완성을 수행한다.                                                 |
| filenames| 원하는 출력이 파일명이라는 것을 *readline* 라이브러리에 알려서 디렉터리의 뒤에 슬래시를 추가하거나 뒷부분의 스페이스를 제거하는 등 라이브러리가 파일명 고유의 처리를 할 수 있게 한다. |
| noquote  | 완성된 단어가 파일명이면 쿼팅하지 않도록 *readline* 라이브러리에 알린다.                            |
| nosort   | 완성된 단어 리스트를 정렬하지 않도록 *readline* 라이브러리에 알린다.                                |
| nospace  | 라인 끝의 완성된 단어에 스페이스를 추가하지 않도록 *readline* 라이브러리에 알린다.                  |
| plusdirs | 디렉터리 완성을 시도하고 이미 생성된 완성 리스트에 모든 결과를 추가한다.                            |

-p  명령이 없으면 다시 읽을 수 있는 방식으로 모든 완성 설정을 출력한다.

-P *prefix*

다른 모든 옵션을 적용한 다음 각각의 결과에 *prefix*를 앞에 붙인다.

-r  주어진 명령에 대한 완성 설정을 제거한다. 명령이 주어지지 않으면 모든 설정을 제거한다.

-s  -A service와 동일하다.

-S *suffix*

다른 모든 옵션을 적용한 다음 각각의 결과에 *suffix*를 뒤에 붙인다.

-u  -A user와 동일하다.

-v  -A variable과 동일하다.

-W *wordlist*

> $IFS를 사용하여 (단일 셸 단어인) *wordlist*를 분할한다. 생성
> 된 리스트는 완성된 단어에 매칭되는 분할 리스트의 멤버들
> 을 포함한다. 각각의 멤버는 중괄호 확장, 물결표 확장, 파라
> 미터 및 변수 확장, 명령 치환, 산술 확장을 사용하여 확장된
> 다. 셸 쿼팅은 유지된다.

-X *pattern*

> 파일명 완성 리스트에서 파일명 매칭 *pattern*을 제외한다. !이
> 앞에 오면 의미는 거꾸로 되고, 파일명 매칭 *pattern*만이 유지
> 된다.

**팁**

쳇 레미(Chet Ramey) 덕분에 다음과 같이 help 명령이 완성 기능을
통해 제공할 수 있는 도움말 주제에 제약을 걸 수 있다.

```
complete -A helptopic help
```

help를 타이핑하고 탭을 두 번 누르면 셸은 도움말 리스트를 표시
한다.

---

**compopt**                    **명령에 대한 완성 옵션을 출력하거나 변경한다.**

```
compopt [-DE] [-o options] [+o options]
        [commands ...]
```

옵션들이 없는 경우엔 하나 혹은 여러 commands에 대한 완성 옵션
을 출력하며, 이때 commands가 없다면 현재 실행 중인 완성 옵션을
출력한다. 옵션들이 있는 경우에는 제공된 commands에 대한 기존
compspec들을 수정하며, 이때 commands가 없다면 현재 실행 중인
완성에 대한 compspec들을 수정한다.

## 옵션

-D      *options*를 '기본' 완성 기능으로 적용한다.

-E      *options*를 '빈(empty)' 완성으로 적용한다.

-o *option*

      complete 명령에 유효한 옵션 중 하나인 *option*을 활성화한다.

+o *option*

      complete 명령에 유효한 옵션 중 하나인 *option*을 비활성화한다.

---

**continue**                  **하나 이상의 루프의 나머지 본문을 생략한다.**

     continue [*n*]

for, while, select, until의 남은 명령들을 생략하고, 루프의 다음 반복을 재개한다(혹은 *n* 중첩 루프를 생략한다).

---

**declare**                     **셸 변수를 선언하고 그 속성을 관리한다.**

     declare [*options*] [*name*[=*value*]]

변수를 선언하고 그 속성을 관리한다. 함수 본문 내에서 local 명령으로 선언된 경우에 변수들은 지역적이다. 모든 옵션들을 먼저 제공해야 한다. 130쪽의 typeset을 참고하도록 하자.

## 옵션

-a      각 *name*은 인덱싱된 배열이다.

-A      각 *name*은 연관 배열이다.

-f      각 *name*은 함수다.

-F     함수에서 함수의 이름과 속성만 출력하고, 함수 정의(본문) 는 출력하지 않는다.

-g     함수 내에서 사용될 때 지역 범위가 아닌 전역 범위에 변수를 선언한다.

-i     각 변수는 정수다. 대입 시 값은 계산식으로 평가된다.

-l     대입 시 *names*를 소문자로 변환해서 표시하도록 한다.

-n     각 *name*은 nameref다. 32쪽의 "간접 변수(nameref)"를 참고 하자.

-p     *name*이 없으면 모든 변수들, 그것의 값들, 그리고 속성들을 출력한다. *name*이 있으면 주어진 변수의 이름들, 속성들, 값 들(설정된 경우)을 출력한다. -f가 함께 주어지면 함수 정의 들을 출력한다.

-r     *names*를 읽기 전용으로 표시한다. 그 후의 대입은 실패할 것 이며, 읽기 전용 변수는 설정 해제할 수 없다.

-t     각각의 이름에 *trace* 속성을 적용한다. 추적되는 함수들은 DEBUG 트랩을 상속한다. 이 속성은 변수에 대한 의미를 가지 지 않는다.

-u     대입 시 *names*를 대문자로 변환해서 표시하도록 한다.

-x     자식 프로세스의 환경에 익스포트하기 위한 *names*를 표시 한다.

-로 주어진 속성은 +로 비활성화된다.

변수명이 없다면 주어진 속성(들)을 포함한 모든 변수들이 셸의 입 력으로 다시 읽힐 수 있는 형식으로 출력된다.

### 예시

```
$ declare -i val          정수 val 생성
$ val=4+7                 값 계산
$ echo $val               결과 확인
```

```
11
$ declare -r z=42          z를 읽기 전용으로 선언
$ z=31                     z에 대입 시
bash: z: readonly variable  대입 실패
$ echo $z
42

$ declare -p val z         속성과 값 확인
declare -i val="11"
declare -r z="42"
```

---

### dirs                   디렉터리 스택을 출력하거나 관리한다.

   dirs [-clpv] [+*n*] [-*n*]

pushd와 popd로 관리되는 디렉터리 스택을 출력한다.

### 옵션

+*n*      왼쪽부터 *n*번째 엔트리를 출력한다. 첫 번째 엔트리는 0이다.

-*n*      오른쪽부터 *n*번째 엔트리를 출력한다. 첫 번째 엔트리는 0
         이다.

-c      디렉터리 스택에서 모든 엔트리를 제거한다.

-l      $HOME을 ~로 대체하지 않고, 더 긴 리스트를 생성한다.

-p      라인당 하나의 엔트리로 디렉터리 스택을 출력한다.

-v      라인당 하나의 엔트리로 디렉터리 스택을 출력하며, 각 엔트
         리 앞에는 그것의 스택 내 인덱스가 붙는다.

---

### disown                하나 이상의 작업에 대한 관리를 중지한다.

   disown [-ahr] [*job* ...]

배시가 관리하는 작업 리스트에서 하나 이상의 작업을 제거한다. *job*
은 작업 명세(job specification)나 프로세스 ID이다.

## 옵션

-a      모든 작업을 제거한다. -h와 함께 사용되면 모든 작업들을 표시한다.

-h      알려진 작업들의 리스트에서 작업을 제거하는 대신, 67쪽의 "명령 실행" 절에서 설명한 것처럼 SIGHUP을 받지 않도록 표시한다.

-r      작업과 함께 사용되지 않은 경우, 실행 중인 작업들만을 제거 (혹은 표시)한다.

---

### do                                            루프의 본문을 시작하는 예약어다.

```
do
```

for, while, until, select 문의 명령 시퀀스 앞에 오는 예약어다.

---

### done                                         루프의 본문을 끝내는 예약어다.

```
done
```

for, while, until, select 문을 끝내는 예약어다.

---

### echo                               표준 출력에 명령 라인 인자를 출력한다.

```
echo [-eEn] [string]
```

*string*을 표준 출력에 쓴다. 이것은 명령의 내장 버전이다(독립 실행 가능한 프로그램인 echo도 있으며, 이는 *echo*(1) 매뉴얼 페이지에서 확인할 수 있다).

## 옵션

POSIX 모드(set -o posix)와 함께 xpg_echo 셸 옵션이 설정된 경우,

echo는 어떠한 옵션도 해석하지 않는다.

-e  13쪽의 "이스케이프 시퀀스" 절에서 설명한 것처럼 이스케이
프 시퀀스의 해석을 활성화한다. 옵션 문자열은 셸에 의한 해
석을 방지하기 위해 쿼팅돼야(혹은 \으로 이스케이프돼야)
한다.

-E  이스케이프 시퀀스를 해석하지 않는다. 내장 echo가 이스케
이프 시퀀스를 해석하는 것이 기본 동작인 시스템상에서도
마찬가지다.

-n  종료 뉴라인을 출력하지 않는다.

### 예시
```
$ echo "testing printer" | lpr
$ echo -e "Warning: ringing bell \a"
```

---

**enable**                              **셸 내장 명령을 활성화 혹은 비활성화한다.**

enable [-adnps] [-f *file*] [*command* ...]

셸 내장 명령을 활성화 혹은 비활성화한다. 내장 명령을 비활성화하면
내장 버전 대신 echo나 test처럼 외부 버전을 사용할 수 있다.

### 옵션

-a  -p와 함께 사용하면 비활성화/활성화된 모든 내장 명령에 대
한 정보를 출력한다.

-d  이전에 -f로 로딩된 내장 명령을 제거한다.

-f *file*

공유 라이브러리 파일인 file에서 내장 명령 *command*를 새로
로딩한다. 셸은 $BASH_LOADABLES_PATH에 명명된 디렉터리에

서 *file*을 검색한다.

-n      지정된 내장 명령을 비활성화한다.

-p      활성화된 내장 명령 리스트를 출력한다.

-s      POSIX 특수 내장 명령만을 출력한다. -f와 함께 사용되면 새
        내장 명령은 POSIX 특수 내장 명령이 된다.

---

**esac**                                    **case 문을 끝내는 예약어다.**

```
esac
```

case 문을 끝내는 예약어다.

---

**eval**                        **이미 처리된 입력 라인을 다시 스캔하고 실행한다.**

```
eval args
```

일반적으로 eval은 셸 스크립트에서 사용되며, *args*는 셸 변수를 포함
하는 코드 라인이다. eval은 먼저 변수 확장이 일어나도록 강제하고
그 이후의 결과 명령을 실행한다. 이 '이중 스캐닝'은 셸 변수가 입력/
출력 리디렉션 기호, 별칭, 혹은 다른 셸 변수를 포함하는 경우에 유용
하다(예를 들어 리디렉션은 일반적으로 변수 확장 전에 일어나므로,
리디렉션 기호를 포함하는 변수는 eval을 사용하여 먼저 확장돼야만
한다. 그렇지 않으면 리디렉션 기호는 해석되지 않은 채로 남는다).

## 예시

다음 셸 스크립트는 eval이 어떻게 정확한 순서로 해석한 명령을 생성
하는지 보여준다.

```
for option
do
    # 출력 정의
```

```
    case "$option" in
    save) out=' > $newfile' ;;
    show) out=' | more' ;;
    esac
done

eval sort $file $out
```

---

**exec**                                   **현재 스크립트를 대체하거나 셸 파일 서술자를 관리한다.**

```
exec [command args ...]
exec [-a name] [-cl] [command args ... ]
exec redirections ...
```

현재 프로세스 대신 *command*를 실행한다. 리디렉션만 사용된 경우 19
쪽의 "파일 서술자를 사용한 리디렉션" 절 참고), exec는 파일 디스크
립터 열기, 닫기, 복사, 이동에도 유용하다. 이 경우 스크립트는 실행
을 지속한다.

## 옵션

-a      *command*의 argv[0] 값에 *name*을 사용한다.

-c      프로그램 실행 전에 환경을 초기화한다.

-l      *login*(1)처럼, *command*의 argv[0] 앞에 마이너스 기호를
        둔다.

## 예시

```
trap 'exec 2>&-' 0      스크립트 종료 시 stderr를 닫음(시그널 0)

$ exec /bin/csh         셸을 C 셸로 대체(나쁜 생각)
$ exec < infile         표준 입력을 infile로 다시 대입
```

---

**exit**                                                **셸 스크립트를 종료한다.**

```
exit [n]
```

셸 스크립트를 상태 *n*으로 종료한다(예: exit 1). *n*은 0일 수도 있고 (성공) 0이 아닐 수도 있다(실패). *n*이 주어지지 않으면 셸의 종료 상태는 가장 최근 명령의 종료 상태가 된다. exit는 창을 닫기 위해 (로그아웃) 명령 라인에서 실행될 수 있다. 종료 상태는 0부터 255까지의 값을 가질 수 있다. EXIT상의 트랩은 셸이 종료되기 전에 모두 실행된다. 비대화식 로그인 셸은 ~/.bash_logout이 존재하면 그것을 실행한다. 7쪽의 "명령 종료 상태" 절을 참고하도록 하자.

### 예시

```
if [ $# -eq 0 ]
then
    echo "Usage: $0 [-c] [-d] file(s)" 1>&2
    exit 1                # 에러 상태
fi
```

---

**export**   아이템을 익스포트하거나 익스포트된 아이템에 대한 정보를 출력한다.

```
export [variables]
export [name=[value] ...]
export -p
export [-fn] [name=[value] ...]
```

하나 이상의 셸 변수 값을 전달(익스포트)하며, (기본적으로는 지역적인) 변수에 전역적 의미를 제공한다. 예를 들어 하나의 셸 스크립트에 정의된 변수의 값을 스크립트가 호출한 다른 프로그램에서 사용한다면 반드시 익스포트되어야만 한다. *variables*가 주어지지 않으면, export는 현재 셸이 익스포트한 변수의 리스트를 제공한다. 두 번째 형식은 POSIX 버전인데, 첫 번째 형식과 유사하지만 변수 name을 익스포트하기 전에 *value*로 설정할 수 있다는 점이 다르다. export는 함수도 익스포트할 수 있다.

## 옵션

-f      이름들은 함수들을 가리키며, 함수들이 환경으로 익스포트
         된다.

-n      환경에 지정된 변수들이나 함수들을 제거한다.

-p      익스포트된 변수들의 이름과 값을 출력하기 전에 declare -x
         를 출력한다. 이는 추후에 다시 읽을 수 있도록 익스포트된
         변수의 리스트를 저장할 수 있게 해준다. 익스포트된 함수의
         이름만을 출력하고 본문은 출력하지 않는다.

## 예시

본 셸에서는 다음과 같이 타이핑한다.

```
TERM=vt100
export TERM
```

배시에서는 다음과 같이 타이핑한다.

```
export TERM=vt100
```

---

**false**                                  **거짓(실패) 반환 값으로 종료한다.**

```
false
```

거짓 반환 값으로 종료하는 내장 명령이다.

---

**fc**                                           **명령 라인 히스토리를 관리한다.**

```
fc [options] [first [last]]
fc -e - [old=new] [command]
fc -s [old=new] [command]
```

히스토리 리스트의 명령을 표출하거나 편집한다(-e, -l, -s 중 하나만
을 사용한다).

*first*와 *last*는 숫자, 혹은 표시하거나 편집할 명령의 범위를 지정하는 문자열이다. *last*가 생략되면 fc는 (*first*가 지정한) 단일 명령에 적용된다. *first*와 *last*가 생략되면 fc는 이전 명령을 편집하거나 마지막 16개의 목록을 표시한다. 만약 *first*가 −0이면 현재 명령을 가리킨다.

fc의 두 번째 형식은 히스토리 *command*를 받고, *old*를 *new*로 대체하며, 수정된 명령을 실행한다. 문자열이 지정되지 않으면 *command*만 다시 실행된다. *command*마저 주어지지 않으면 이전 명령이 다시 실행된다. *command*는 *first*처럼 숫자나 문자열이다. 49쪽의 "명령 히스토리" 절의 예시를 참고하도록 하자. 세 번째 형식은 두 번째 형식과 같다.

### 옵션

−e *editor*

특정 히스토리 명령들을 편집하기 위해 에디터를 호출한다. 에디터 이름은 −e로 제공해야 한다. −e가 없으면 fc는 FCEDIT 셸 변수로 설정한 기본 에디터를 호출한다. 만약 그 변수가 설정되지 않았다면 배시는 $EDITOR를 시도한다. 이 또한 설정되지 않았다면 vi가 기본 에디터가 된다. 3.1 이후 버전에서는 POSIX 모드일 때 ed가 기본 에디터다.

−e −

히스토리 명령을 실행(혹은 재실행)한다. 위의 두 번째 문법 라인을 참조하자.

−l      특정 명령 혹은 명령의 범위 목록을 표시하거나 마지막 16개 명령의 목록을 표시한다.

−n      −l에 의한 목록에서 명령에 번호를 붙이지 않는다.

−r      −l에 의한 목록의 순서를 역으로 한다.

−s      −e −와 같다.

---

**fg**                    **실행 중이거나 일시 정지된 백그라운드 작업을 포그라운드로 이동한다.**

   fg [*jobIDs*]

현재 작업이나 *jobIDs*를 포그라운드로 가져온다. 59쪽의 "작업 제어"
를 참고하자.

---

**fi**                                             **if 문을 끝내는 예약어다.**

   fi

if 문을 끝내는 예약어다.

---

**for**                                   **값들의 리스트에 대해 루프를 시작한다.**

```
for x [in [list]]
do
    commands
done
```

(생략 가능한 값들의 리스트에 속하는) 변수 *x*에 *command*를 실행한
다. 만약 in *list*가 생략되면 "$@"(위치 파라미터)로 가정한다. 리스트
의 확장이 비어있으면 *commands*는 실행되지 않는다.

**예시**

다음은 명령 라인에 지정된 파일에 페이지 수를 매기며, 각각의 결과
를 저장한다.

```
for file
do
    pr $file > $file.tmp
done
```

다음은 위와 동일하지만, 전체 루프를 백그라운드로 수행한다.

```
for file
do
    pr $file > $file.tmp
done &
```

다음은 (fgrep -f 처럼) 단어들의 목록에서 장(chapters)을 검색한다.

```
for item in $(cat program_list)
do
    echo "Checking chapters for"
    echo "references to program $item..."
    grep -c "$item.[co]" chap*
done
```

다음은 명령 라인에 지정된 각각의 파일에서 단일 단어 제목을 추출하여 그것을 새 파일명으로 사용한다.

```
for file
do
    name=$(sed -n 's/NAME: //p' $file)
    mv $file $name
done
```

---

**for**                                     **산술 루프를 시작한다.**

```
    for ((init; cond; incr))
    do
        commands
    done
```

산술 for 루프로, C의 for와 비슷하다. *init*을 평가하고 *cond*가 참인 동안 루프의 본문을 실행한다. *cond*를 다시 테스트하기 전에 *incr*을 계산한다. 표현식 중 어떠한 것이라도 생략할 수 있으며 생략된 *cond*는 참으로 취급한다.

### 예시

다음은 각각의 홀수 장에서 문구를 검색한다.

```
for ((x=1; x <= 20; x += 2))
do
    grep $1 chap$x
done
```

## function                                    셀 함수를 정의한다.

```
function name { commands; } [redirections]
function name () { commands; } [redirections]
```

*name*을 셀 함수로 정의한다. 25쪽 "함수" 절의 함수 의미 체계에 대한
설명을 참고하도록 하자.

### 예시
파일 개수를 세는 함수를 정의한다.

```
$ function countfiles {
>     ls | wc -l
> }
```

## getopts                              명령 라인 옵션과 인자를 처리한다.

```
getopts string name [args]
```

명령 라인 인자(혹은 지정된 경우의 *args*)를 처리하고 옵션을 확인한
다. getopts는 셀 스크립트 루프에 사용되어 명령 라인 옵션에 대한 표
준 문법을 보장하는 역할을 한다.

  표준 문법은 명령 라인 옵션을 -로 시작하도록 강제한다. 옵션들은
한데 뭉쳐서 제공될 수도 있다(즉, 하나의 - 뒤에 문자들이 연속적으
로 따라올 수 있다). 옵션 처리는 명령 라인에 --을 사용해서 종료할
수 있다. *string*은 셀 스크립트를 실행할 때 getopts에 의해 인식되는
옵션 문자를 포함한다. 유효한 옵션들은 차례로 처리되어 *name* 셀 변
수에 저장된다. *name*이 읽기 전용이면 명령은 반환 값 2로 종료된다.

옵션 문자열의 옵션 문자 뒤에 콜론이 붙으면, 실제 옵션 뒤에는 하나 혹은 여러 인자들이 따라와야 한다(여러 인자는 하나의 셸 단어로 명령에 제공돼야 하며, 이때 인자들을 쿼팅하거나 쉼표로 구분하면 된다. 이 포맷에서 스크립트는 다중 인자들을 처리하도록 작성돼야 한다).

getopts는 OPTARG, OPTIND, OPTERR 셸 변수를 사용한다(33쪽의 "내장 셸 변수" 절 참고).

---

**hash**                                     **이전에 찾은 명령의 테이블을 관리한다.**

```
hash [-dlrt] [commands]
hash [-p file] [command]
```

셸은 검색 경로($PATH)를 따라 명령을 찾으므로, 내부 해시 테이블에 찾은 위치를 기억한다. 추후 명령을 입력할 때 셸은 해시 테이블에 저장된 값을 사용한다.

인자가 없으면 hash는 현재 해시된 명령 집합 목록을 제공하는데, 목록에는 히트(명령이 셸에 의해 호출된 횟수)와 명령 이름이 표시된다. 테이블이 비어 있고 배시가 POSIX 모드이면 hash는 아무것도 출력하지 않는다. 배시가 POSIX 모드가 아니면 hash: hash table empty를 표준 출력으로 내보낸다.

commands가 제공되면 셸은 그 명령들을 해시 테이블에 추가한다. 아무 옵션 없이 commands만 제공되면 셸은 각 명령과 연관된 '히트 개수'를 0으로 리셋한다.

BASH_CMDS 배열은 해시 테이블의 모든 엔트리에 프로그램적인 접근을 제공한다. 33쪽의 "내장 셸 변수" 절을 참고하도록 하자.

**옵션**

-d       해시 테이블에서 특정 명령들을 삭제한다.

-l        해시 테이블을 재구성하기 위해 다시 읽을 수 있는 포맷으로
               출력을 생산한다.

-p *file*
               해시 테이블 내의 *command*를 *file*과 연결한다.

-r        해시 테이블에서 모든 명령들을 제거한다.

-t        하나의 이름이 제공되면 명령의 전체 경로명을 출력한다. 둘
               이상의 이름이 제공되면 두 개의 열(column)로 이름과 전체
               경로를 출력한다.

**팁**

-r 옵션 외에, PATH가 대입될 때도 해시 테이블이 초기화된다. 검
색 경로에 영향을 미치지 않고 해시 테이블을 초기화하기 위해서
는 PATH=$PATH를 사용한다. 이것은 현재 버전의 명령보다 $PATH상에
서 앞에 오는 디렉터리에 새 버전의 명령을 설치한 경우에 가장 유용
하다.

---

**help**                       **명령 사용법 정보를 출력한다.**

   help [-dms] [*pattern*]

*pattern*에 매칭되는 각 명령의 사용법 정보를 표준 출력에 표출한다.
정보는 각 명령 옵션의 설명을 포함한다.

**옵션**

-d       명령이 하는 일에 대한 설명을 간단히 출력한다.

-m       유닉스 매뉴얼 페이지와 유사한 포맷으로 명령의 상세 설명
               을 출력한다.

-s      짧은(간단한) 사용법 정보를 출력한다.

## 예시

```
$ help -s cd              짧은 도움말
cd: cd [-L|[-P [-e]] [-@]] [dir]
```

```
$ help true               전체 도움말
true: true
    Return a successful result.

    Exit Status:
    Always succeeds.
```

---

**history**                                    **명령 라인 히스토리를 출력한다.**

```
history [count]
history [options]
```

히스토리 리스트의 명령을 출력하거나 히스토리 파일을 관리한다. 옵
션이나 인자가 없으면 명령 번호와 함께 히스토리 리스트를 표시한다.
*count* 인자가 입력되면 가장 최근의 명령부터 그만큼까지만 출력한다.

배시는 (set -o history를 통해) 히스토리가 활성화된 모든 셸의 명
령 히스토리를 저장한다. HISTFILE이 설정된 경우엔 대화식 셸만이 아
니라 비대화식 셸도 해당된다.

## 옵션

-a      히스토리 파일에 (히스토리 파일에 마지막으로 쓰고 난 후 실
        행된) 새 히스토리 라인을 추가한다. 쓰기 작업은 즉시 수행
        된다.

-c      히스토리 목록을 초기화한다(모든 엔트리 제거).

-d *position*

        *position* 위치의 히스토리 아이템을 삭제한다.

-n      히스토리 파일에서 읽지 않은 히스토리 라인들을 읽고, 읽어

들인 라인을 히스토리 리스트에 추가한다.

**-p** *argument* ...

각각의 인자에 csh 스타일의 히스토리 확장을 수행하고, 표준 출력에 그 결과를 출력한다. 결과는 히스토리 리스트에 저장되지 않는다.

**-r**

히스토리 파일을 읽고 그 내용으로 히스토리 리스트를 대체한다.

**-s** *argument* ...

히스토리 리스트에 *arguments*를 단일 엔트리로 저장한다.

**-w**

현재 히스토리 리스트를 히스토리 파일에 전체적으로 덮어쓴다. 쓰기 작업은 즉시 수행된다.

## 팁

일라이 자레츠키(Eli Zaretskii) 덕분에 다음 명령을 통해 히스토리 파일을 항상 최신으로 업데이트하도록 만들 수 있다.[5]

```
export PROMPT_COMMAND='history -a'
```

이 동작은 사용자가 정상적으로 로그아웃하지 않았거나 세션이 아직 살아있을 경우에도 보장된다.

---

**if**                                   **if-then-else 문을 위한 문법이다.**

```
if condition1
then commands1
```

---

5  배시에서는 PROMPT_COMMAND로 사용자에게 프롬프트 제어권이 넘어오기 전에 실행되는 명령을 등록할 수 있다. 그리고 history -a는 임시로 버퍼링된 히스토리를 히스토리 파일로 동기화하는 명령이다. 따라서 PROMPT_COMMAND에 history -a를 등록하면 사용자가 매번 프롬프트에 입력을 가할 때마다 히스토리 파일을 업데이트하는 효과를 얻을 수 있다.

```
[ elif condition2
    then commands2 ]
           .
           .
           .
[ else commands3 ]
fi
```

*condition1*을 만족하면 *commands1*을 실행하고, *condition2*를 만족하면 *commands2*를 실행한다. 만약 아무것도 만족하지 않으면 *commands3*를 실행한다. 조건들은 보통 test와 [[ ]] 명령으로 지정된다. 조건들의 전체 목록 확인은 123쪽의 test와 73쪽의 [[ ]]를 참고하고, 추가적으로 72쪽의 :과 92쪽의 exit에 대한 예시도 참고하도록 하자.

### 예시

다음은 10보다 작은 숫자 앞에 0을 삽입한다.

```
if [ $counter -lt 10 ]
then number=0$counter
else number=$counter
fi
```

다음은 디렉터리가 존재하지 않으면 새로 만든다.

```
if ! [ -d $dir ]
then
    mkdir -m 775 $dir
fi
```

---

**jobs**                                        **실행 중이거나 중지된 작업들의 목록을 표시한다.**

```
jobs [options] [jobIDs]
```

실행 중이거나 중지된 모든 작업들, 또는 *jobIDs*로 지정한 작업들의 리스트를 표시한다. 예를 들면, 긴 컴파일 작업이나 텍스트 포매팅 작업이 아직 실행 중인지를 확인할 수 있다. 로그아웃 전에도 유용하게 사용할 수 있다. 59쪽의 "작업 제어" 절을 참고하자.

**옵션**

-l      작업 ID와 프로세스 그룹 ID의 목록을 표시한다.

-n      마지막 알림 이후에 상태가 변경된 작업만 목록으로 표시한다.

-p      프로세스 그룹 ID만 목록으로 표시한다.

-r      실행 중인 작업만 목록으로 표시한다.

-s      중지된 작업들만 목록으로 표시한다.

-x *cmd*

    *cmd*에서 찾은 각각의 작업 ID를 그와 연관된 프로세스 ID로 대체하고, *cmd*를 실행한다.

---

**kill**                                   **하나 이상의 작업에 시그널을 보낸다.**

    kill [*options*] *IDs*

지정된 프로세스 *ID*나 작업 *ID*를 종료시킨다. 사용자는 그 프로세스의 소유자이거나 특권 사용자여야만 한다. 이 내장 명령은 외부 kill 명령과 유사하지만, 심볼릭 작업명도 허용한다. 종료시키기 어려운 프로세스들은 9번 시그널을 사용하여 중단시킬 수 있다. 59쪽의 "작업 제어" 절을 참고하자.

kill -l 명령은 사용 가능한 시그널 이름들의 목록을 출력한다. 목록의 내용은 시스템 아키텍처에 따라 다르다.

시그널과 그 번호는 C의 <signal.h> 헤더 파일에 정의돼 있다. 이 파일은 다른 내용도 포함할 수 있으므로, 시그널 정의의 실제 위치는 시스템마다 다를 수 있다.

## 옵션

**-l [*n*]**

> *n*이 없으면 시그널 이름들의 목록을 표시한다. 숫자 *n*은 시그널 번호, 혹은 시그널 (128 + *n*)로 종료한 프로세스의 종료 상태로 해석된다. 두 경우 모두 kill은 해당하는 시그널 이름을 출력한다.

**-L [*n*]**

> -l과 같다.

**-n *num***

> 주어진 시그널 번호를 전달한다.

**-s *name***

> 주어진 시그널 이름을 전달한다.

**-*signal***

> 주어진 시그널 번호(<signal.h>에서 확인)나 주어진 시그널 이름(kill -l로 확인)을 전달한다. 시그널 번호가 9이면 kill은 대상 프로세스를 무조건 종료시킨다.

POSIX 모드에서는 시그널 이름에 SIG 접두사를 붙이지 말아야 하며, kill -l은 모든 시그널 이름을 한 라인에 출력한다.

---

**let**                                                    **계산을 수행한다.**

```
let expressions
(( expressions ))
```

하나 이상의 *expressions*로 지정한 계산을 수행한다. *expressions*는 숫자, 연산자, (앞에 $를 붙일 필요가 없는) 셸 변수로 구성된다. 표현식 내부에 스페이스나 다른 특수 문자들이 포함될 경우에는 표현식을 쿼팅해야 한다. ((...)) 형식은 자동으로 쿼팅을 수행한다. 더 많은 정보와 예시는 47쪽의 "계산식" 절을 참고하도록 하고, *expr*(1) 또한 참고하자. 마지막 표현식이 0으로 계산되면 let는 1을 반환하고(실패), 반대의 경우에는 0을 반환한다(성공).

## 예시

각각의 예시들은 변수 i에 1을 더한다.

```
i=`expr $i + 1`          모든 본 셸들
let i=i+1                배시
let "i = i + 1"
(( i = i + 1 ))
(( i += 1 ))
(( i++ ))
if (( i % 2 == 0 )) ...
```

---

**local**                                    **셸 함수 내에 지역 변수를 선언한다.**

```
local [options] [name[=value]]
```

함수 내에서 사용하기 위한 지역 변수를 선언한다. *options*는 declare로 허용하는 옵션과 동일하다. 전체 목록에 대해서는 86쪽의 declare를 참고하도록 하자. local을 함수 본문 밖에서 사용하는 것은 에러를 발생시킨다.

*name*이 −이면 셸은 단일 문자 옵션들의 값을 저장하고, 함수 종료 시 그것들을 복원한다.

---

**logout**                                              **셸을 빠져나간다.**

```
logout
```

로그인 셸을 빠져나간다. *~/.bash_logout*이 존재하면 그것을 실행한다. 이 명령은 로그인 셸이 아닌 경우에는 실패한다.

## mapfile                                  **셸 배열로 파일을 읽는다.**

```
mapfile [options] [array]
```

*array* 요소당 한 라인씩 *array*로 표준 입력을 읽는다. *array*가 없으면
MAPFILE을 사용한다. -u 옵션을 통해 대체 파일 서술자를 제공할 수
있다.

### 옵션

-c *count*

　　-C 옵션에 '수량'을 지정한다. 기본값은 5,000이다.

-C *command*

　　'수량'이 지정된 모든 라인에 *command*를 평가하고, 그것을 대
　　입돼야 하는 *array*의 인덱스와 라인에 전달한다. 수량은 -c
　　옵션으로 설정한다(이 옵션은 주로 배시 디버거에 의해 사용
　　된다).

-d *delim*

　　입력 라인을 종료하기 위해 뉴라인 대신 *delim*의 첫 문자를
　　사용한다. *delim*이 빈 문자열이면 구분 기호로 0바이트(ASCII
　　NUL)를 사용한다.

-n *count*

　　최대 *count* 라인까지 읽는다. *count*가 0이면 모든 라인을 읽
　　는다.

-O *index*

　　*index* 원점에서 시작하여 배열을 채운다. 기본 원점은 0이다.

-s *count*

　　앞의 *count*개의 라인들을 생략(무시)한다.

-t　　각각의 라인을 읽은 것에서 후행 구분 기호(대개는 뉴라인)

를 제거한다.

**-u** *n*

표준 입력 대신 파일 서술자 *n*에서 읽어 들인다.

---

**popd**  디렉터리 스택의 디렉터리를 팝(pop)한다.

    popd [-n] [+count] [-count]

(dirs 명령으로 확인할 수 있는) 디렉터리 스택의 최상위 디렉터리를 팝하고 새로운 최상위 디렉터리로 변경하거나, 디렉터리 스택을 관리한다.

**옵션**

**+count**

dirs에 의해 보이는 아이템들 중 왼쪽으로부터 *count* 개를 제거한다. 0부터 세기 시작하며, 디렉터리 변경은 일어나지 않는다.

**-count**

dirs에 의해 보이는 아이템들 중 오른쪽으로부터 *count* 개를 제거한다. 0부터 세기 시작하며, 디렉터리 변경은 일어나지 않는다.

**-n**  새로운 최상위 디렉터리로 변경되지 않고 스택만을 조작한다.

---

**printf**  명령 라인 인자를 포매팅하여 출력한다.

    printf [-v var] format [val ...]

ANSI C printf() 함수(*printf*(3) 참고)처럼 포매팅된 출력을 수행한다. *format*의 이스케이프 시퀀스들은 13쪽의 "이스케이프 시퀀스" 절에서 설명한 것처럼 확장된다. 포맷 지정자보다 값이 많을 경우 포맷 문자열은 처음부터 재사용된다.

## 옵션

−v *var*

> 결과를 표준 출력으로 내보내는 대신 *var*에 저장한다. 결과가 비었을지라도 저장된다. *var*는 배열 요소일 수도 있다.

### 추가 포맷 문자

배시는 다음의 추가 포맷 문자들을 허용한다.

%b     인자 문자열의 이스케이프 시퀀스를 확장한다. 이스케이프 시퀀스의 집합은 echo −e가 허용하는 것과 같다(13쪽의 "이스케이프 시퀀스" 절 참고).

%q     나중에 다시 읽을 수 있는 쿼팅된 문자열을 출력한다.

%(*datefmt*)T

> *strftime*(3)를 위한 포맷 제어 문자열로 *datefmt*을 사용해서 시간 값을 출력한다. 인자가 제공되지 않으면 현재 시각을 사용한다.

---

**pushd**                 **디렉터리 스택에 디렉터리를 푸시(push)한다.**

```
pushd [-n] [directory]
pushd [-n] [+count] [-count]
```

디렉터리 스택에 *directory*를 추가하거나 디렉터리 스택을 회전시킨다. 인자가 없으면 스택의 최상위 엔트리 두 개를 바꾸고, 새로운 최상위 엔트리로 변경한다.

— Bash

## 옵션

*+count*

스택을 회전시켜서 dirs로 볼 수 있는 스택의 왼쪽부터 *count* 번째 아이템이 스택의 새로운 최상위 아이템이 된다. 0부터 세기 시작하며 새로운 최상위 아이템이 현재 디렉터리가 된다.

*−count*

스택을 회전시켜서 dirs로 볼 수 있는 스택의 오른쪽부터 count 번째 아이템이 스택의 새로운 최상위 아이템이 된다. 0부터 세기 시작하며 새로운 최상위 아이템이 현재 디렉터리가 된다.

−n      새로운 최상위 디렉터리로 변경되지 않고, 스택만을 조작한다.

---

**pwd**                                          **작업 디렉터리를 출력한다.**

  pwd  [−LP]

표준 출력으로 현재 작업 디렉터리를 출력한다. PWD가 읽기 전용이면 실패 상태로 종료된다.

## 옵션

옵션을 사용하여 논리 디렉터리나 실제 디렉터리 적용 여부를 선택할 수 있다. 79쪽의 cd를 참고하자.

−L      (모든 종류의 심볼릭 링크를 포함하여 사용자가 타이핑한) 논리 경로와 현재 디렉터리의 PWD 값을 사용한다. 이것이 기본값이다.

−P      현재 디렉터리를 파일 시스템 실제 경로로 사용한다.

**read** 하나 이상의 셸 변수로 데이터를 읽는다.

```
read [options] [variable1 [variable2 ...]]
```

표준 입력의 한 라인을 읽어서 각 단어를 해당 *variable*에 대입한다. 모든 나머지 단어들은 마지막 변수에 대입된다. 하나의 변수만 지정되었다면 모든 라인이 그 변수에 대입된다. 배시는 입력에서 0(ASCII NUL) 바이트를 제거한다. 여기의 예시와 78쪽의 **case** 예시를 참고하도록 하자. EOF에 도달하지 않으면 반환 상태는 0이다. 변수가 주어지지 않으면 입력은 REPLY 변수에 저장된다. POSIX 모드 셸에서 트랩된 시그널은 **read**를 인터럽트할 수 있고, 이 경우 128 + 시그널 번호를 반환하며 부분적으로 읽은 입력은 버린다.

**옵션**

-a *array*

인덱싱된 배열 *array*로 읽는다. *array*가 이미 존재하는 연관 배열이면 에러를 보고한다.

-d *delim*

뉴라인 대신 *delim*이 처음 발견될 때까지 읽는다. *delim*이 빈 문자열이면 구분 기호로 0바이트(ASCII NUL)를 사용한다.

-e 터미널로부터 읽을 때는 *readline* 라이브러리를 사용한다.

-i *text*

*readline* 라이브러리를 사용할 때 *text*를 초기 편집 버퍼에 넣는다.

-n *count*

최대 *count* 바이트까지 읽는다. *count* 바이트까지 읽기 전에 구분 기호 문자가 발견되면 입력 읽기를 멈춘다.

**-N** *count*

최대 *count* 바이트까지 읽는다. 데이터 내의 구분 기호 문자는 배시의 읽기 작업을 멈추지 않고 읽은 데이터에 포함된다.

**-p** *prompt*

입력을 읽기 전에 *prompt*를 출력한다.

**-r**    미처리(raw) 모드이며, 라인 지속 문자인 \를 무시한다.

**-s**    조용히 읽는다. 문자들은 에코(반향)되지 않는다.

**-t** *timeout*

터미널이나 파이프로부터 읽을 때 *timeout* 초까지 데이터가 입력되지 않으면 1을 반환한다. 이렇게 하면 애플리케이션이 계속 멈춰서 사용자 입력을 기다리는 것을 방지할 수 있다. *timeout* 값은 소수도 될 수 있다. *timeout*이 0이지만 데이터를 읽을 수 있는 경우, read는 성공적으로 반환된다. *timeout*이 만료됐을 때 부분적으로 읽은 입력은 *variable1*에 저장되고, 나머지 변수들은 비워진다. 아무 데이터도 읽지 못하고 *timeout*이 만료되면 read는 128보다 큰 값을 반환한다.

**-u** [ *n* ]

파일 서술자 *n*(기본값은 0)에서 입력을 읽는다.

**예시**

세 개의 변수를 읽는다.

```
$ read first last address
Sarah Caldwell 123 Main Street

$ echo -e "$last, $first\n$address"
Caldwell, Sarah
123 Main Street
```

두 개의 온도 입력을 위한 프롬프트를 제공한다.

```
$ read -p "High low: " n1 n2
High low: 65 33
```

---

**readarray**                                    **셸 배열로 파일을 읽는다.**

```
readarray [options] [array]
```

mapfile 명령과 동일하다. 더 많은 정보는 107쪽의 mapfile을 참고하도
록 하자.

---

**readonly**                                 **변수를 읽기 전용으로 표시한다.**

```
readonly [-aAfp] [variable[=value] ...]
```

지정된 셸 변수에 새로운 값을 대입하지 못하도록 막는다. 초깃값은
대입 문법을 사용하여 대입할 수 있으나, 그 후에 그 값을 변경할 수는
없다. 읽기 전용 변수는 설정 해제될 수 없다.

## 옵션

-a      각 *variable*은 인덱싱된 배열을 참조해야만 한다.

-A      각 *variable*은 연관 배열을 참조해야만 한다.

-f      각 *variable*은 함수를 참조해야만 한다.

-p      읽기 전용 변수의 이름과 값을 출력하기 전에 readonly를 먼
        저 출력해야 한다. 이는 읽기 전용 변수를 추후에 다시 읽기
        위해 목록을 저장하도록 허용한다.

---

**return**                                   **셸 함수에서 종료 상태를 반환한다.**

```
return [n]
```

함수 정의 내부에 사용하며, 상태 *n*으로 함수를 종료하거나 이전에 실

행된 명령의 종료 상태로 함수를 종료한다. *n*이 음수면 상태 *n* 앞에 --
을 둔다.

---

**select**                                **코드 블록 실행을 위한 아이템들의 메뉴를 보여준다.**

```
select x [in list]
do
    commands
done
```

*list*에 지정된 순서대로 번호를 붙여서 메뉴 아이템을 표준 출력에 표
시한다. in *list*가 없으면 아이템들은 ("$@"을 통해) 명령 라인으로부터
입력된다. 메뉴 뒤에는 프롬프트 문자열(PS3의 값)이 뒤따라 나온다.
$PS3 프롬프트에서 사용자는 메뉴의 번호를 타이핑하여 메뉴 아이템
을 선택할 수 있고, 메뉴를 다시 보고 싶다면 엔터 키를 누를 수 있다.
사용자 입력은 REPLY 셸 변수에 저장된다. 유효한 아이템 번호가 타이
핑되면 셸은 *x*를 선택된 값으로 설정하고 *commands*를 실행한다. *EOF*
를 타이핑하면 루프를 종료한다.

### 예시

```
PS3="Select the item number: "
select event in Format Page View Exit
do
    case "$event" in
    Format) nroff $file | lpr;;
    Page)   pr $file | lpr;;
    View)   more $file;;
    Exit)   exit 0;;
    *   )   echo "Invalid selection";;
    esac
done
```

이 스크립트는 다음과 같이 출력된다.

```
1. Format
2. Page
3. View
4. Exit
Select the item number:
```

---

**set**                          **셸 옵션과 스크립트의 명령 라인 파라미터를 관리한다.**

```
set [options arg1 arg2 ...]
```

인자가 없으면 set는 현재 셸이 인식하고 있는 모든 변수의 값들을 출력한다. 옵션들은 활성화(*-option*)되거나 비활성화(*+option*)될 수 있다. 옵션은 셸이 호출됐을 때도 설정될 수 있다(4쪽의 "셸 호출" 절 참고). 옵션이 아닌 인자들은 ($1, $2, ...) 순서로 대입된다.

## 옵션

-a      명령 이후부터는 익스포트에 대한 변수들이 정의되거나 변경되면 자동으로 표시한다.

-b      다음 프롬프트까지 기다리지 않고 작업이 종료되자마자 작업 완료 메시지를 출력한다.

-B      중괄호 확장을 활성화한다. 활성화하는 것이 기본값이다.

-C      > 리디렉션을 통한 덮어쓰기를 방지한다. 파일을 덮어쓰기 위해서는 >|를 사용한다.

-e      명령이 0이 아닌 종료 상태를 내보낼 경우 종료한다. 셸 종료 전에 ERR 트랩이 실행된다. 정확한 실제 동작은 복잡하다. 120쪽의 "set -e 상세 사항"을 참고하자.

-E      셸 함수, 명령 치환, 하위 셸이 ERR 트랩을 상속하도록 한다.

-f      파일명 메타문자를 무시한다(예: * ? [ ]).

-h      명령을 정의한 곳에 위치시킨다. 활성화하는 것이 기본값이

다. 99쪽의 hash를 참고하자.

-H      csh 스타일 히스토리 치환을 활성화한다. 활성화하는 것이 기본값이다(배시 5.0은 기본적으로 이것을 비활성화하도록 변경될 것이다).

-k      환경 변수 대입(*var=value*)은 그것이 명령 라인의 어디에 나타나는지와 상관없이 수행된다. 일반적으로 대입은 명령 이름보다 선행돼야 한다.

-m      작업 제어를 활성화한다. 백그라운드 작업은 개별적인 프로세스 그룹에서 실행한다. -m은 대개 자동으로 설정되는데, 대화식 셸은 그것을 활성화하고 스크립트는 활성화하지 않는다.

-n      명령을 읽지만 그것을 실행하지는 않는다. 문법을 확인하는 데 유용하다. 대화식 셸은 이 옵션을 무시한다.

+o  [*mode*]

       *mode*가 주어지면 주어진 셸 모드를 비활성화한다. *mode*가 없는 set +o는 현재의 모든 모드 설정을 셸이 추후 다시 읽을 수 있는 형식으로 출력한다.

-o  [*mode*]

       셸 모드의 목록을 표시하거나 *mode* 모드를 켠다. 다양한 모드를 다른 옵션으로 설정할 수 있다. 모드들의 종류는 다음과 같다.

       allexport     -a와 같다.

       braceexpand  -B와 같다.

       emacs        명령 라인 에디터를 emacs로 설정한다.

       errexit      -e와 같다.

       errtrace     -E와 같다.

functrace      -T와 같다.

hashall        -h와 같다.

histexpand     -H와 같다.

history        명령 히스토리를 활성화한다. 활성화하는 것이 기본값
               이다.

ignoreeof      EOF 시그널을 처리하지 않는다. 셸을 종료하려면 exit
               을 타이핑한다.

keyword        -k와 같다.

monitor        -m과 같다.

noclobber      -C와 같다.

noexec         -n과 같다.

noglob         -f와 같다.

nolog          히스토리 파일로부터 함수 정의를 생략한다. 배시에서 이
               옵션을 입력할 수는 있지만 무시된다.

notify         -b와 같다.

nounset        -u와 같다.

onecmd         -t와 같다.

physical       -P와 같다.

pipefail       파이프라인 종료 상태를 가장 우측에 있는 실패된 명령
               종료 상태로 변경한다. 모든 명령이 성공적으로 종료되면
               0이 된다.

posix          POSIX 모드로 변경한다.

privileged     -p와 같다.

verbose        - v와 같다.

vi             명령 라인 에디터를 vi로 설정한다.

xtrace         -x와 같다.

+p     유효 UID를 실제 UID로 리셋한다.

-p     특권 사용자로 시작한다. $ENV나 $BASH_ENV를 읽지 않고

환경에서 함수를 임포트하지 않으며 BASHOPTS, CDPATH, GLOBIGNORE, SHELLOPTS 변수의 값을 무시한다.

-P      cd와 pwd 사용 시 항상 실제 경로를 사용한다.

-t      한 개의 명령을 실행한 후 종료한다.

-T      셸 함수, 명령 치환, 하위 셸이 DEBUG와 RETURN 트랩을 상속하도록 한다.

-u      치환에서 설정되지 않은 변수를 에러로 취급한다. 그러나 위치 파라미터가 없을 때 $@과 $*에 대한 참조는 에러가 아니다.

-v      각각의 셸 명령을 읽은 후 그것을 표시한다.

-x      실행 시의 명령과 인자를 PS4 값 다음에 표시한다. 이는 셸 스크립트의 단계적 추적 기능을 제공한다.

-      -v와 -x를 비활성화하며, 옵션 처리 기능을 끈다. 예전 버전본 셸과의 호환성을 위해 존재한다.

--      마지막 옵션으로 사용된다. --는 옵션 처리 기능을 꺼서 -로 시작하는 인자가 옵션으로 잘못 해석되는 것을 방지한다(예: $1을 -1로 설정할 경우). -- 다음에 아무 인자도 없으면 위치 파라미터를 비활성화한다.

## 옵션 요약

| 옵션 | 동일 옵션 |
|------|-----------|
| -a | -o allexport |
| -b | -o notify |
| -B | -o braceexpand |
| -C | -o noclobber |
| -e | -o errexit |

| | |
|---|---|
| -E | -o errtrace |
| -f | -o noglob |
| -h | -o hashall |
| -H | -o histexpand |
| -k | -o keyword |
| -m | -o monitor |
| -n | -o noexec |
| -o allexport | -a |
| -o braceexpand | -B |
| -o emacs | |
| -o errexit | -e |
| -o errtrace | -E |
| -o functrace | -T |
| -o hashall | -h |
| -o history | |
| -o histexpand | -H |
| -o ignoreeof | |
| -o keyword | -k |
| -o monitor | -m |
| -o noclobber | -C |
| -o noexec | -n |
| -o noglob | -f |
| -o nolog | |
| -o notify | -b |
| -o nounset | -u |
| -o onecmd | -t |

| | |
|---|---|
| -o physical | -P |
| -o pipefail | |
| -o posix | |
| -o privileged | -p |
| -o verbose | -v |
| -o vi | |
| -o xtrace | -x |
| -p | -o privileged |
| -P | -o physical |
| -t | -o onecmd |
| -T | -o functrace |
| -u | -o nounset |
| -v | -o verbose |
| -x | -o xtrace |

## set -e 상세 사항

set -e가 활성화됐을 때 셸은 (단일 명령일 수도 있는) 파이프라인이
나 괄호 안의 하위 셸 명령, 혹은 중괄호로 둘러싸인 그룹의 명령 중
하나라도 실패하면 종료된다.

POSIX 모드인 경우, 명령 치환 실행을 위해 생성된 셸은 set -e의
설정을 상속한다. POSIX 모드가 아닌 경우, 그러한 셸들은 inherit_
errexit 셸 옵션의 설정을 기반으로 하는 set -e 설정을 상속한다.

다음의 경우에는 명령 실패(0이 아닌 종료 상태)로 인해 종료되지
않는다. while이나 until 다음의 리스트 내 명령인 경우, if나 elif 다
음의 파이프라인인 경우, &&나 || 리스트 내의 명령인 경우(마지막 명
령 제외), 파이프라인 내의 명령인 경우(마지막 명령 제외), !로 명령

값의 의미가 반전된 경우 등이다.

일반적으로 셸 프로그래밍 전문가들은 실제 셸 프로그래밍에서 set -e를 거의 사용할 일이 없다고 본다. set -e는 대부분 역사적 호환성을 위해 있는 것으로, 신중한 프로그래밍을 통해 발생 가능한 모든 에러를 잡는 수고를 덜기 위해 이 기능을 사용해서는 안 된다.

### 예시

```
set -- "$num" -20 -30      $1을 $num으로, $2를 -20으로, $3을 -30으로 설정
set -vx                    각 명령을 읽을 때 한 번, 실행할 때 한 번, 총 두 번 확인
set +x                     명령 추적 종료
set -o noclobber           파일 덮어쓰기 방지
set +o noclobber           파일 덮어쓰기 다시 허용
```

---

**shift**                                    **명령 라인 인자들을 왼쪽으로 시프트한다.**

```
shift [n]
```

위치 인자들을 시프트한다(예를 들어, $2는 $1이 된다). n이 주어지면 왼쪽으로 n번 시프트한다. 명령 라인 인자 사이를 순회하기 위한 while 루프에 자주 사용된다.

### 예시

```
shift $(($1 + $6))     시프트 횟수로 표현식 결과를 사용
```

---

**shopt**                                              **셸 옵션을 관리한다.**

```
shopt [-opqsu] [option]
```

셸 옵션을 설정하거나 설정 해제한다. 옵션이 없거나 -p만 주어진 경우 옵션들의 이름과 설정을 출력한다. 다양한 옵션들에 대한 설명은 60쪽의 "셸 옵션" 절을 참고하자.

## 옵션

-o  각 *option*은 60쪽 "셸 옵션" 절의 목록에 나온 옵션들이 아니라, set −o에 대한 셸 옵션 이름들 중 하나여야만 한다.

-p  추후에 다시 읽을 수 있도록 shopt 명령으로 옵션 설정들을 출력한다.

-q  침묵(quiet) 모드다. 주어진 옵션이 설정됐으면 종료 상태는 0이고, 설정되지 않았으면 0이 아니다. 여러 옵션이 주어졌다면 그것들이 모두 설정된 상태여야 종료 상태가 0이 된다.

-s  주어진 *option*들을 설정한다. 옵션이 없으면 설정된 옵션만을 출력한다.

-u  주어진 *option*들을 설정 해제한다. 옵션이 없으면 설정 해제된 옵션만을 출력한다.

---

**source**　　　　　　　　　　　　　　　**현재 셸 내의 파일을 읽어서 실행한다.**

　　source *file* [*arguments*]

.(닷) 명령과 동일하다. 더 많은 정보는 73쪽의 .을 참고하자.

---

**suspend**　　　　　　　　　　　　　　　　**현재 셸을 일시 정지한다.**

　　suspend [−f]

현재 셸을 일시 정지한다. su 명령을 중지하기 위해 자주 사용된다.

## 옵션

-f  셸이 로그인 셸일지라도 강제로 일시 정지한다.

**test**                                    **루프와 조건문의 조건을 평가한다.**

```
test condition
[ condition ]
[[ condition ]]
```

조건을 평가하여 그 값이 참일 경우에는 0인 종료 상태를 반환하고, 그 값이 거짓일 경우에는 0이 아닌 상태를 반환한다. test라는 단어 대신 [ ] 를 사용하는 명령으로 대체할 수 있다. 단어 분할 및 경로명 확장이 되지 않은 경우에 대한 추가적인 대체 형식은 [[ ]] 를 사용한다 73쪽의 [[ ]] 참고). *condition*은 다음 표현식들을 사용하여 생성된다. 조건에 대한 설명이 참이면 조건도 참이다.

## 파일 조건

−a *file*        *file*이 존재한다(이제는 사용되지 않으며, 대신 −e를 사용한다).

−b *file*        *file*이 존재하며 그 파일은 블록 특수 파일이다.

−c *file*        *file*이 존재하며 그 파일은 문자 특수 파일이다.

−d *file*        *file*이 존재하며 그 파일은 디렉터리 파일이다.

−e *file*        *file*이 존재한다(POSIX 호환성을 위한 −a와 동일하다).

−f *file*        *file*이 존재하며 그 파일은 정규 파일이다.

−g *file*        *file*이 존재하며 그 파일의 set-group-id 비트가 설정돼 있다.

−G *file*        *file*이 존재하며 그것의 그룹은 유효 그룹 ID다.

−h *file*        *file*이 존재하며 그 파일은 심볼릭 링크다(−L과 동일하다).

−k *file*        *file*이 존재하며 그 파일의 스티키(sticky) 비트가 설정돼 있다.

−L *file*        *file*이 존재하며 그 파일은 심볼릭 링크다(−h와 동일하다).

−N *file*        *file*이 존재하며 그 파일은 마지막으로 읽은 후에 수정됐다.

−O *file*        *file*이 존재하며 그 파일의 소유자는 유효 사용자 ID다.

−p *file*        *file*이 존재하며 그 파일은 명명된 파이프(FIFO)다.

−r *file*        *file*이 존재하며 그 파일을 읽을 수 있다.

−s *file*        *file*이 존재하며 그 파일은 0보다 큰 파일 크기를 가진다.

-S *file*    *file*이 존재하며 그 파일은 소켓이다.

-t[*n*]    파일 서술자 *n*이 터미널 장치와 연결됐다. *n*의 기본값은 1이다.

-u *file*    *file*이 존재하며 그 파일의 set-user-id 비트가 설정돼있다.

-w *file*    *file*이 존재하며 그 파일에 쓸 수 있다.

-x *file*    *file*이 존재하며 그 파일을 실행할 수 있다.

*f1* -ef *f2*    파일 *f1*과 *f2*는 링크되어 있다(같은 파일을 가리킨다).

*f1* -nt *f2*    파일 *f1*은 *f2*보다 오래되지 않았다.

*f1* -ot *f2*    파일 *f1*은 *f2*보다 오래됐다.

## 문자열 조건

*string*    *string*은 널이 아니다.

-n *s1*    문자열 *s1*의 길이는 0이 아니다.

-z *s1*    문자열 *s1*의 길이는 0이다.

*s1* == *s2*    문자열 *s1*과 *s2*가 같다. [[ ]] 내부에서는 *s2*가 와일드카드 패턴일 수 있다. *s2*를 문자 그대로 취급하기 위해서는 *s2*를 쿼팅한다(9쪽의 "파일명 메타문자" 절과 60쪽의 "셸 옵션" 절의 nocasematch 옵션을 참고하도록 하자).

*s1* = *s2*    == 연산자와 같다. POSIX 및 다른 셸들과의 호환성을 위해 test나 [ ]와 함께 사용돼야 한다.

*s1* != *s2*    문자열 *s1*과 *s2*가 같다. [[ ]] 내부에서는 *s2*가 와일드카드 패턴일 수 있다. *s2*를 문자 그대로 취급하기 위해서는 *s2*를 쿼팅한다.

*s1* =~ *s2*    *s1*이 확장 정규식 *s2*에 매칭된다. [[ ]] 안에서만 사용할 수 있다. 정규식 매칭 대신 문자열 매칭을 강제하기 위해서는 *s2*를 쿼팅한다. 괄호로 둘러싸인 하위 표현식에 매칭되는 문자열은 BASH_REMATCH 배열의 요소로 들어간다. 33쪽 "내장 셸 변수" 절의 BASH_REMATCH 설명 및 60쪽 "셸 옵션" 절의 compat31, compat32, compat40 옵션들을 참고하도록 하자.

*s1* < *s2*    *s1*의 문자열 값이 *s2*의 문자열 값보다 우선순위가 높다. test나 [ ]와 함께 사용하면 <를 쿼팅해야 하며, 배시는 머신의 정렬 순서(일반적으로 ASCII)를 사용한다. [[ ]]와 함께 사용하면 <를 쿼팅할 필요가 없으며, 배시는 로캘의 정렬 순서를 사용한다.

*s1* > *s2*     *s1*의 문자열 값이 *s2*의 문자열 값보다 우선순위가 낮다. test나 [ ] 와 함께 사용하면 >를 쿼팅해야 하며, 배시는 머신의 정렬 순서(일반적으로 ASCII)를 사용한다. [[ ]]와 함께 사용하면 >를 쿼팅할 필요가 없으며, 배시는 로캘의 정렬 순서를 사용한다.

## 내부 셸 조건

-o *opt*     set -o가 켜진 *opt* 옵션이다.

-R *var*     변수 *var*에 값이 대입되고, *var*는 nameref다.

-v *var*     변수 *var*에 값이 대입되고, *var*는 이름이나 배열 요소일 수 있다.

## 정수 비교

*n1* -eq *n2*     *n1*은 *n2*와 같다.

*n1* -ge *n2*     *n1*은 *n2*보다 크거나 같다.

*n1* -gt *n2*     *n1*은 *n2*보다 크다.

*n1* -le *n2*     *n1*은 *n2*보다 작거나 같다.

*n1* -lt *n2*     *n1*은 *n2*보다 작다.

*n1* -ne *n2*     *n1*은 *n2*와 같지 않다.

## 연결 형식

(*condition*)

   *condition*이 참이면 참이다(그룹화에 사용된다). test와 [ ]에 대해서 괄호는 \로 쿼팅돼야 한다. [[ ]] 형식은 괄호를 쿼팅할 필요가 없다.

!*condition*

   *condition*이 거짓이면 참이다.

*condition1* -a *condition2*

   두 조건이 모두 참이면 참이다.

*condition1* && *condition2*

   두 조건이 모두 참이면 참이다. 단락 연산 형식이다([[ ]] 내에서만 사용한다).

*condition1 -o condition2*

　두 조건 중 하나만 참이면 참이다.

*condition1 || condition2*

　두 조건 중 하나만 참이면 참이다. 단락 연산 형식이다([[ ]] 내에서 만 사용한다).

## 예시

다음 예시는 조건 테스트를 사용하는 다양한 문장들의 첫 라인을 보여 준다.

```
while test $# -gt 0                 인자가 있는 동안

if [ $count -lt 10 ]                $count가 10보다 작으면
if [ -d .git ]                      .git 디렉터리가 존재하면
if [ "$answer" != "y" ]             answer가 y가 아니면
if [ ! -r "$1" -o ! -f "$1" ]       첫 인자가 읽을 수 없는 파일이거나 정규 파일이 아
                                    닌 경우
if ! [ -r "$1" ] || ! [ -f "$1" ]   앞과 동일
```

---

**time**　　　　　　　　　　　　　　　　**명령 실행 시간을 잰다.**

　time [-p] [*command*]

*command*를 실행한 후에 (초 단위의) 소요 시간, 사용자 시간, 시스템 시간을 출력한다. 외부 명령인 time과 같지만, 내장 버전은 파이프라인의 모든 명령은 물론 다른 내장 명령들의 시간까지 측정할 수 있다. 출력에는 현재 로캘의 소수점이 사용된다.

　*command*가 없으면 셸과 셸의 자식에 대한 사용자 시간, 시스템 시간, 실제 시간을 출력한다.

　TIMEFORMAT 변수의 값은 출력의 포맷을 제어한다. 상세한 사항은 *bash*(1) 매뉴얼 페이지를 참고하도록 하자.

POSIX 모드에서 첫 번째 인자가 마이너스 기호로 시작하면, 배시는 *time*을 키워드가 아니라 명령으로 취급한다.

## 옵션

-p    POSIX에 의해 지정된 포맷으로 시간 측정 요약을 출력한다.

---

**times**                                          **누적된 CPU 시간을 출력한다.**

```
times
```

셸과 거기서 실행된 프로세스의 누적된 사용자 시간 및 시스템 프로세스 시간을 출력한다.

---

**trap**                                   **셸 스크립트 내의 시그널 처리를 관리한다.**

```
trap [[commands] signals]
trap -l
trap -p
```

*signal*을 받으면 *commands*를 실행한다. 두 번째 형식은 kill -l처럼 모든 시그널과 그 시그널의 번호 목록을 출력한다. 세 번째 형식은 추후 다시 읽기에 적합한 형식으로 현재의 트랩 설정들을 출력한다. 셸이 시작할 때 무시된 시그널들은 포함되지만, 변경될 수는 없다.

일반적으로 시그널은 EXIT (0), HUP (1), INT (2), TERM (15)를 포함한다. 여러 개의 명령들은 그룹으로 쿼팅돼야 하고 전체 명령 내부에서 세미콜론으로 구분돼야 한다. *commands*가 널 문자열이면(즉, trap " " signals) 셸은 시그널을 무시한다. *commands*가 완전히 생략되면 지정된 시그널 처리는 기본 작업으로 리셋된다. *commands*가 '-'이면 시그널들은 초기 기본값으로 리셋된다.

*commands*와 *signals*가 모두 생략되면, 현재 트랩 대입 목록을 보여준

다. 여기 있는 예시와 92쪽의 **exec**의 예시를 참고하도록 하자.

일반적으로 **trap**은 시그널 이름을 출력할 때 그 앞에 **SIG** 접두사를 붙인다. POSIX 모드에서는 **SIG** 접두사를 붙이지 않는다.

---

 셸은 실행 중인 트랩에 대한 시그널의 추가적인 발생을 차단하지 않으며 반복적인 트랩 호출을 허용한다. 이 점을 주의하자!

---

### 팁

일반적으로 *commands*는 작은따옴표로 쿼팅해야 한다. 그렇게 하면 시그널이 처리될 때까지 모든 변수나 기타 치환 관련 작업이 지연된다. 반면에 *commands*를 큰따옴표로 쿼팅하면 **trap** 명령 실행에 앞서 확장들이 먼저 처리된다.

### 시그널

표준 시그널에서 셸은 시그널 번호 혹은 (SIG 접두사가 붙거나 붙지 않은) 시그널 이름 모두를 허용한다. 또한 셸은 '의사 시그널(pseudo-signals)'을 지원한다. 의사 시그널은 실제 운영체제 시그널은 아니지만 셸에 특정 작업을 수행하도록 지시할 수 있다. 다음은 시그널과 그것들이 언제 실행되는지에 대한 설명이다.

DEBUG     어떤 명령이건 실행될 때.

ERR        0이 아닌 종료 상태일 때.

EXIT       셸에서 나갈 때(보통 셸 스크립트가 끝날 때). 또한 셸이 프로세스 치환을 위해 시작할 때.

RETURN    **return**이 실행될 때나 스크립트가 **.**(닷)으로 시작할 때, 혹은 **source**가 끝날 때.

0           EXIT과 동일하며, 본 셸과의 호환성을 위해 남아있다.

## 예시

```
trap "" INT      인터럽트 무시(시그널 2)
trap INT         다시 인터럽트 활성화
```

다음은 셸 프로그램이 끝날 때나 사용자가 로그아웃할 때, CTRL-C를
누르거나 kill 명령을 수행하면 $tmp 파일을 제거한다.

```
trap "rm -f $tmp; exit" EXIT HUP INT TERM    POSIX 스타일
trap "rm -f $tmp; exit" 0 1 2 15             원래 셸
```

다음은 셸 프로그램이 SIGHUP, SIGINT, SIGTERM 시그널을 받으면 'clean
up' 메시지를 출력한다.

```
trap 'echo Interrupt!  Cleaning up...' HUP INT TERM
```

---

**true**                                    **참(성공) 반환 값과 함께 종료한다.**

```
true
```

참 값을 반환하며 종료하는 내장 명령이다.

---

**type**                                       **명령의 유형을 출력한다.**

```
type [-afpPt] commands
```

각각의 명령 이름이 외부 명령인지, 내장 명령인지, 별칭인지, 셸 키워
드인지, 정의된 셸 함수인지를 보여준다.

## 옵션

-a        *command*를 포함하는 $PATH 내의 모든 위치를 출력한다. 이
          때 별칭과 함수도 포함되는데, 별칭과 함수를 제외하고 싶으
          면 -a와 함께 -p를 사용한다.

-f      command와 마찬가지로 함수 조회를 제외한다.

-p      type -t가 주어진 *command*에 대해 file을 출력할 때, 그에 해
        당하는 실행 파일의 전체 경로명을 출력한다. 이 옵션을 선택
        하지 않으면 아무것도 출력하지 않는다.

-P      -p와 유사하지만, type -t가 file을 출력하지 않을 때도 $PATH
        검색을 강제한다.

-t      각각의 *command*를 설명하는 단어를 출력한다. 단어는
        *command* 유형에 따라 alias, builtin, file, function, keyword
        가 될 수 있다.

### 예시

```
$ type mv read if
mv is /bin/mv
read is a shell builtin
if is a shell keyword
```

---

**typeset**                    **셸 변수를 선언하고 셸 변수의 속성들을 관리한다.**

   typeset [*options*] [*variable*[=*value* ...]]

declare와 같다. 〈!--85--〉쪽의 declare를 참고하도록 하자.

---

**ulimit**                          **다양한 프로세스 제한 사항을 관리한다.**

   ulimit [*options*] [*n*]

한 개 이상의 자원 관련 제한 사항들을 출력한다. 만약 *n*이 정해지면
자원 제한을 *n*으로 설정한다. 자원 제한은 엄격(hard)하게 정할 수도
있고(-H), 유연(soft)하게 정할 수도 있다(-S). 기본적으로 ulimit은 두
가지 제한 사항을 설정하거나 유연한 제한 사항을 출력한다. 옵션들은
어떤 자원이 구동될지를 정한다.

## 옵션

-H      자원을 엄격하게 제한한다. 모든 사용자는 엄격한 제한 사항을 넘을 수 없으며, 오직 특권 사용자들만이 엄격한 제한 사항을 완화할 수 있다.

-S      자원을 유연하게 제한한다. 엄격한 제한보다는 제한 요건이 작거나 같아야 한다.

-a      모든 제한 사항을 출력한다.

-b      소켓 버퍼의 최대 크기다.

-c      코어 파일의 최대 크기다. 기본 단위는 1K바이트 블록이다. POSIX 모드에서는 단위가 512바이트 블록이 된다.

-d      킬로바이트 단위로 표현한 데이터 세그먼트나 힙(heap)의 최대 크기다.

-e      최대 스케줄링 우선순위다(nice 값)

-f      파일의 최대 크기다(기본 옵션). 기본 단위는 1K바이트 블록이고 POSIX 모드에서는 단위가 512바이트 블록이 된다.

-i      대기 중인 시그널의 최대 개수다.

-k      kqueue의 최대 개수다(모든 시스템에서 유효하지는 않다).

-l      메모리에서 잠글 수 있는 주소 공간의 최대 크기다.

-m      킬로바이트 단위의 물리 주소 최대 크기다(모든 시스템에서 유효하지는 않다).

-n      파일 서술자의 최대 개수다.

-p      파이프 버퍼의 크기다(모든 시스템에서 유효하지는 않다).

-P      의사 터미널(pseudoterminal)의 최대 개수다(모든 시스템에서 유효하지는 않다).

-q      POSIX 메시지 큐의 최대 바이트 개수다.

-r      최대 실시간 스케줄링 우선순위다.

-s   스택 세그먼트의 최대 킬로바이트 크기다.

-t   최대 CPU 초(second)다.

-T   최대 스레드 개수다.

-u   단일 사용자가 가질 수 있는 최대 프로세스 개수다.

-v   가상 메모리의 최대 킬로바이트 크기다(모든 시스템에서 유
     효하지는 않다).

-x   최대 파일 잠금 개수다.

---

**umask**                      프로세스의 파일 생성 마스크를 표시하거나 설정한다.

```
umask [nnn]
umask [-pS] [mask]
```

파일 생성 마스크를 표시하거나 파일 생성 마스크를 팔진수 값 *nnn*으
로 설정한다. 파일 생성 마스크는 어떤 권한 비트가 꺼졌는지를 판별
한다(예를 들어 umask 002는 rw-rw-r--를 생성한다). 두 번째 형식에
서는 심볼릭 마스크가 유지할 권한을 표현한다.

**옵션**

-p   다음에 셸이 다시 읽을 수 있는 형식으로 출력한다.

-S   심볼릭 표기를 사용하여 현재 마스크를 출력한다.

---

**unalias**                                전에 정의된 별칭을 제거한다.

```
unalias names
unalias -a
```

별칭 리스트에서 *names*를 제거한다. 75쪽의 alias를 참고하자.

**옵션**

-a   전체 별칭을 제거한다.

## unset                                    수나 함수들을 제거한다.

```
unset [options] names
```

*names* 목록에 있는 함수나 변수 정의를 제거한다. 인덱스로 첨자된 *name*(unset foo[2])은 해당 배열 요소를 설정 해제한다. 인덱스 0은 그와 관련된 스칼라(scalar) 변수를 설정 해제한다.

### 옵션

-f      함수 *names*의 설정을 해제한다.

-n      nameref 변수 *names*의 설정을 해제한다. 32쪽의 "간접 변수 (nameref)"를 참고하도록 하자.

-v      변수 *names*의 설정을 해제한다(기본값).

## until                      루프의 조건이 참일 때까지 실행하기 위한 문법이다.

```
until condition
do
    commands
done
```

*condition*을 만족할 때까지 *commands*를 실행한다. *condition*은 때때로 test 명령과 함께 사용된다. 78쪽의 case 예시와 123쪽의 test를 참고 하자.

## wait                          프로세스나 작업이 완료되기를 기다린다.

```
wait [-n] [ID]
```

옵션이나 인자가 없으면 모든 백그라운드 작업이 완료될 때까지 일시 중지한 후 종료 상태를 0으로 반환한다. *ID*가 있으면 특정 백그라운드 프로세스 *ID*나 작업 *ID*가 완료될 때까지 일시 중지한 후 그것의 종료 상태를 반환한다. 셸 변수 $!는 가장 최근의 백그라운드 프로세스 ID를 포함한다.

인자가 없으면 wait의 동작은 POSIX 모드 설정에 달려있다. 일반적으로 wait는 모든 백그라운드 프로세스가 끝나기를 기다린 후에 종료된 프로세스만큼 SIGCHLD 트랩을 실행한다. POSIX 모드에서는 종료되는 자식이 wait를 인터럽트하여 128 + SIGCHLD 종료 상태로 끝나게한다. 배시는 종료되는 자식 각각에 SIGCHLD 트랩 핸들러를 실행하도록 시도하지만 확실하게 실행된다고 보장할 수는 없다.

## 옵션

-n      종료될 모든 작업을 기다린 후에 종료 상태를 반환한다.

## 예시

wait $!      가장 최근의 백그라운드 프로세스가 종료되기를 기다린다

---

**while**                          **루프의 조건이 참인 동안 실행하기 위한 문법이다.**

```
while condition
do
    commands
done
```

condition을 만족하는 동안 commands를 실행한다. condition은 보통 test 명령과 함께 사용된다. 78쪽의 case 예시 및 123쪽의 test를 참고하도록 하자.

---

**filename**                                    **외부 명령을 실행한다.**

```
filename [arguments]
```

실행 파일인 filename으로부터 명령을 읽어서 실행하거나 이진 객체 파일을 실행한다. filename이 슬래시 문자를 포함하지 않으면 셸은 $PATH

에 있는 디렉터리에서 실행할 파일을 찾는다.

## 자료

이 절에서는 배시와 관련된 자료들을 간략하게 설명한다.

### 온라인 자료

*http://ftp.gnu.org/gnu/bash*

배시 소스 코드 릴리스에 대한 최상위 디렉터리다. 소스 코드는 일반적으로 *bash-4.4.tar.gz*처럼 *.tar.gz* 파일로 제공된다.

*ftp://ftp.gnu.org/pub/gnu/bash/bash-4.4-patches*

배시 4.4 패치가 있는 디렉터리다.

*http://www.gnu.org/software/bash/bash.html*

*http://tiswww.tis.cwru.edu/~chet/bash/bashtop.html*

배시 셸에 대한 두 개의 '홈페이지'다.

*http://bashdb.sourceforge.net*

배시 디버거다.

*http://bash-completion.alioth.debian.org/*

이언 맥도널드(Ian Macdonald)의 완성 명세 모음이다.

*http://www.gnu.org/software/bash/manual/html_node/Bash-POSIX-Mode.html*

POSIX 모드가 끼치는 영향에 대한 상세 문서다. 큰 차이점은 없기 때문에 셸을 일상적으로 사용하는 데 영향을 끼칠 정도는 아니다.

*http://www.opengroup.org/onlinepubs/9699919799*

온라인 버전의 POSIX 표준이다.

*http://tobold.org/article/rc*

유닉스 시스템에서 동작하는 rc 셸이다.

### 참고서적

Newham, Cameron. *Learning the bash Shell*, Third Edition., O'Reilly Media, 2005.

Robbins, Arnold, and Nelson H.F. Beebe. *Classic Shell Scripting.*, O' Reilly Media, 2005.

## 감사의 글

배시 4.4 릴리스를 제공해 주고 이 레퍼런스를 검토해준 배시 메인테이너(maintainer) 쳇 레미(Chet Ramey)와 이 작업을 검토해 준 로버트 P.J.(Robert P.J.), 이전 판에 조언을 해주고 이번 판을 검토해준 일라이 자레츠키(Eli Zaretskii), 그리고 이 업데이트를 지원해준 오라일리의 앤디 오람(Andy Oram)에게 감사 인사를 전한다.

## 첫 판에 대한 감사의 글

배시 4.1 릴리스를 제공해 준 배시 메인테이너(maintainer) 쳇 레미(Chet Ramey)와 이번 판을 검토해 준 로버트 P.J.(Robert P.J.), 그리고 이 프로젝트를 꾸준히 지원해 준 오라일리 미디어(O'Reilly Media)의 마이크 로우카이즈(Mike Loukides)에게 감사 인사를 전한다.

# 찾아보기